CANVAS OF NEW RETAIL

METHODS, TOOLS AND GUIDES

新零售落地画布

实施方法、工具和指南

喻 旭——著

清華大學出版社
北 京

图书在版编目（CIP）数据

新零售落地画布：实施方法、工具和指南 / 喻旭著. —北京：清华大学出版社，2018（2021.8重印）

ISBN 978-7-302-51502-9

Ⅰ. ①新… Ⅱ. ①喻… Ⅲ. ①零售业－商业经营－研究 Ⅳ. ① F713.32

中国版本图书馆 CIP 数据核字（2018）第 255173 号

责任编辑： 刘　洋　顾　强
封面设计： 徐　超
版式设计： 方加青
责任校对： 宋玉莲
责任印制： 沈　露

出版发行： 清华大学出版社
网　　址： http://www.tup.com.cn，http://www.wqbook.com
地　　址： 北京清华大学学研大厦 A 座　　**邮　　编：** 100084
社 总 机： 010-62770175　　**邮　　购：** 010-62786544
投稿与读者服务： 010-62776969，c-service@tup.tsinghua.edu.cn
质 量 反 馈： 010-62772015，zhiliang@tup.tsinghua.edu.cn
印 装 者： 三河市铭诚印务有限公司
经　　销： 全国新华书店
开　　本： 170mm×240mm　　**印　　张：** 14.25　　**字　　数：** 183 千字
版　　次： 2018 年 12 月第 1 版　　**印　　次：** 2021 年 8 月第 5 次印刷
定　　价： 59.00 元

产品编号：081822-01

序

阿里的新零售自两年前提出后，一直是业界持续关注的热点，一方面，各参与方在理论方法、经营实践和模式创新上都已有不少建树和成功案例；但另一方面，新零售成为零售业的标配和普遍生产力在客观上还有待时日，再加上各种新概念交织其中，比如腾讯智慧零售、京东无界零售、数字零售、数字企业等。这让很多实业和零售企业家们有些无所适从，他们心里有很多个问题，其中可能最关心的 3 个问题是：

（1）新零售到底是什么（本质）？

（2）我的企业到底需不需要新零售（目的）？

（3）企业新零售的终极价值（主体）是什么？

针对第一个问题，本书给出了清晰的定义，进一步讲，我认为新零售相比传统零售，最重要的变量是“数字化技术”，新零售的本质是数字化零售。

第二个问题很关键，新零售的目标是为了消费端的用户体验和需求满足，以及供给端的降本增效，因此需不需要进行新零售升级，就要判断这两方面带来的回报足不足够。

对于第三个问题，我认为终极价值在于“数字用户”，用户的数字化让消费者体验更好，因为我们能更好地理解和预测用户需求。同时，用户的数字化能够让数字用户变成企业的资产，这也是易观天马云商致力推进的“第四张报表：数字用户资产表”背后的理念所在。

道的问题弄清楚了，术的推进也就自然而然。本书是企业推进新零售升级的难得指南，既有丰富的理论也有翔实的案例，既有思路、方法也有模板、工具，既有目标也有路径。作为喻旭（喻叫兽）在易观天马云商多年的老战友，我也为他能出版此书，为新零售行业做出有力贡献而倍感高兴！

企业在创新践行过程中会不断遇到新情况，新零售只是其中之一，企业和企业家应对的方法之一是万变不离其宗，回到至善动机：满足用户需求。永远从用户的需求出发，诚如贾森·艾博年和布莱恩·曼宁这两位作者在《商业新模式：企业数字化转型之路》一书中所写，“不是Uber（优步）推动了数字化变革，而是用户对好的出租车服务的追求推动了数字化变革！”，借用为结束语。

冯阳松　易观天马云商执行总裁

2018 年 10 月 12 日

推荐序

我第一次接触到喻老师，是在2018年顶新集团便利餐饮事业群针对100位中阶绩优人员的培训课程中，喻老师分享“新零售时代下，餐饮企业的场景体验与数字化转型”的理念与经验。其中独创的“新零售落地画布”观念与方法论令人印象深刻。

在企业实战中，传统零售到新零售的转型规划往往很难落地，有几个主要的原因。首先是企业缺乏专业的知识与方法论，无法客观地评估：目前的优势和短板在哪里？要怎么弥补？是不是真的适合所谓的新零售业态？转型后的企业新价值是什么？转型新零售业态是不是最佳的选项……其次是每个人理解的新零售都不太一样，往往依自己的理解摸着石头过河，做一些碎片化的流程改善或者电子化升级，缺乏系统化的“行动手册”来引导，所以失败率很高。

在《新零售落地画布：实施方法、工具和指南》这本书中，喻老师总结了包含3条升级路线、5个步骤、3大内功、4大外功、29项组件的一套“新零售落地画布”升级工具，再加上从大量的成功案例中总结出来的成功关键，阅读本书就好像有一位行业资深顾问手把手地引导，大大减少了入坑的风险。

在顶新集团内，新零售的学习与推动一直是很重要的课题，2016年我们成立了新零售事业群，辅助集团内以会员为核心，从线下走向线上的到店、到家、路上、网上四大场景经营。高层的学习是：传统零售是买 A 卖 A 挣差价的交易思维，而新零售是买 A 卖 B 补贴 C 获利 D 的数据思维与平台思维转变。其中，ABCD 的灵活组合与运用，在企业生命周期的不同阶段，推动商业模式的快速创新与改变。例如，初创期可能是用补贴来换取规模或者渗透率，稳定运营之后，有形或无形资产的积累或数据变现可能成为新的课题。

商业模式的快速迭代与洞察不仅仅是依靠大数据、云计算、智能科技、互联网与物联网这些“水、电、煤”的力量，同时也需要新的商业思考能力，喻老师在书中所论述的 3 大内功、4 大外功，包括营销数字化（精准营销）、关系数字化（会员运营）、门店数字化（店家、线上线下、科技一体化）、场景体验化（故事＋情感的商业逻辑）、产品的吸引力（3 品类、4 维度的产品定位）、业务共享力（各种业务平台与数据的打通） 以及如何以数字驱动融入企业基因的改造，都是从传统零售转型到新零售业态的软实力。在本书中，这些新零售的核心理念都有具体的论述与整理。

获利是从古至今不变的商业准则，但是，在这个万物互通互联的时代，获利的模式已经不是单纯的交易关系，新科技与新思维的赋能，创造了更多的可能性。《新零售落地画布：实施方法、工具和指南》这本书的出版，不仅仅是对于新零售走到今天的新思维做一个整理，同时也提供了一套面对复杂的新业态转型可以依循的基础工具，不管是公司的高层主管还是从业人员，都可以在这个基础上加值创新，产生更多的多元场景与获利模式。

顶新集团便利与餐饮事业群

信息与互联网项目总顾问

胡玉书博士 2018 年 11 月 2 日

前言

你是否担心新零售业态对传统零售形成挑战？

是________否________

你是否正在思考如何升级现有零售业态？

是________否________

你是否正在寻找一套零售升级的方法和工具？

是________否________

如果你对以上任何一个问题选择“是”，那么希望你认真阅读本书内容。这是一本能够帮助企业转型升级的“行动手册”，它不仅能带给你新的思维，还有大量的方法、工具和案例，指导你一步步进行升级。

本书的阅读对象

- 品牌制造企业
- 品牌零售企业
- 零售服务企业
- 零售运营服务企业

这本书非常适合以上企业的决策者、管理者来阅读。当然，如果你是企业的一线人员，或是在校生，本书的各种方法模型则能够补充你的知识，对未来的工作起到帮助作用。

阅 读 提 醒

书中会有大量“某品牌”案例，真实且前沿，但由于客户隐私保护的原因，请原谅书中只能用“某品牌”来代替；

这本书的信息量“大”且“干”。书中的观点、假设融合了互联网思维以及本人 15 年互联网零售与 IT（信息技术）工作经验的浓缩，且内含大量模型、工具和表格。针对一些行业内形成共识的问题、名词，我不会过多展开，如果读者有不懂的地方，可以去网络搜索，进一步加深了解。

这也是一本帮助你建立系统认知的书。当前碎片化信息过多，尤其泛娱乐化信息过多，人们的自主判断和分析意识被弱化。本书以树状结构展开，从主干的结构化模型，往下到分支的结构模型，层层嵌套，这样能够帮你将碎片化信息转化为系统性知识。

基于以上缘由，希望你在阅读的时候：

- 保持一颗安静的心，它不会像小说一样，让你读得有滋有味，你需要用安静的心来感受书的逻辑和理性；
- 保持一颗好奇的心，对于不懂的词句，随时通过网络查询，或者给我发送邮件（yuxu@yuxu.net）询问；
- 用完整的时间段来阅读，每个时间段至少能读完书中的一个模块。因为，我始终认为碎片化阅读不利于你理解模块之间和模块内部各知识点之间的逻辑关系。

当下，信息碎片化、知识快消化，“互联网 +”的概念刚提出没几年，又冒出“新零售”“人工智能”等新概念。这其中，什么在变，什么没有变，贸然跟进还是谨慎不动，让很多企业家难以适从。2017年，我在和很多企业家沟通的过程中，他们既表现出对新概念的好奇，又表现出谨慎的态度。其中一位企业家说道："零售本身还是卖货的行为，就是个生意，新零售提出的技术驱动、大数据、云计算这些概念，离我们还很遥远，这些概念并没有真正意义上改变零售的本质。"他指了指楼下的共享单车，又说道："互联网很善于炒作概念，再加上资本的介入，会催生大量杂草，甚至是伪需求，一定会有一段清理杂草的过程。你看楼下不少的共享单车，很快就会没有了，高科技的东西，生命周期会很短暂，不像我们做实业的，衣食住行的用品，虽然很传统，但实实在在，这样才能长久。"

我很认同这位企业家的话，一切不以商业本质为中心的科技手段都难以持续，那么新零售的"新"手段对零售的本质有帮助吗？可零售的本质又是什么呢？

去年，我回老家武汉，经朋友介绍去汉口吃一碗牛肉面。因为是周末，我早上10点去的，发现已经关门。心生质疑，这家店真的有说的那么好吗？为了一探究竟，第二天我8点就到了，到现场吓一跳，门口排着长长的队伍，队伍旁十几个人蹲在地上吃得正香，一幅让人垂涎的景象。这是一家夫妻开的店，孩子在一旁小凳上玩耍，可以看出这面店是三口之家全部的生计来源。我也排进了队伍，10分钟后，付了12元，终于吃到了香喷喷的牛肉面。爱干净的我想找个干净的地方吃面，可是，店内只有两张桌子，桌子上横七竖八地摆着别人吃剩下的面碗，夫妻俩忙得不可开交，根本没时间收拾。这下，不可能在桌上吃了，我也索性学着其他人，蹲在店门口吃了起来。面的味道果然好，难怪这么多人排队。美味面前，里子面子都不重要了，就连蹲着吃面也有了趣味。

我算了下，这三口之家，每天开店4小时，按1分钟卖出2碗算，1天要卖500碗，收入6000元。这家店，又脏又乱，价格不算便宜，仍然有很好的生意，这背后是为什么？这家店也没用所谓的云计算、大数据，生意不照样好吗？新零售提到的各种“黑科技”是否真的那么重要？这些科技手段和零售的本质之间又是什么关系呢？

带着这些问题，我结合自身 15 年的互联网零售经验，在我的东家易观国际提出的“数字化零售”模型的基础上，做了大量改进，生成了《新零售落地画布》这样一本工具书。在本书中，我把零售的数字化手段定义为“外功”，用来帮助改造营销和客户关系；又将用户体验、商品品质、数据资产定义为“内力”，从“外功”到“内力”，越发接近零售本质。

本书亮点

亮点 1：提供落地工具

本书对当下先进的实践案例进行总结，提炼出了数字驱动下的“人、货、场”重构模型，并创造性地开发出落地工具“新零售落地画布”。

- 画布的 3 项外功：从营销数字化、关系数字化、店铺数字化 3 个方面改善店铺运营效率，实现店铺的价值最大化；
- 画布的 4 项内力：从场景体验力、产品吸引力提升用户体验，并通过提升业务共享力和数据驱动力，沉淀店铺的用户资产和数据资产；
- 画布的 29 个升级组件：画布将 3 项外功和 4 项内力分解为 29 个组件，每项能力背后对应多个组件。

你可以根据《新零售落地画布》对企业现状进行自检，找到企业的能力缺口，作为下一步落地的依据。

亮点 2：提供升级路线

本书为企业提供了 3 种升级路线，包括数字化改造、体验升级、模式创新。

- 数字化改造：“购物端＋运营端＋供应端”三端智能化落地方法体系，在整个价值链中应用智能化的IT设施；
- 体验升级：指出了以人文价值为目标的“人、货、场”升级方法体系，强调店铺的升级需要从以前以“货”为中心，转向以“人”为中心。不仅要满足人的吃、穿需求，更要满足人文价值观的群体汇聚需求；
- 模式创新：“业务＋数据”双驱动下的平台赋能策略方法体系，即赋能型平台在零售产业链的应用。

亮点3：提供规划模板，教你规划自己的升级方案

本书为你准备了升级方案的规划模板，依次包括：自我评估、选择升级组件、业务收益与实施难度分析、制订实施方式、策划实施方案，共计5个步骤绘制自己的升级方案。规划模板将能高效地协助你制订规划，提升企业的决策效率。

亮点4：提供组织行动的工具

本书提倡“知行合一”，认为“不转化为行动的学习都是假学习”。因此，本书为你提供了创新型组织构建的方法，教你搭建创客化组织，实施精益创业。具体分为5个步骤：“全民海选，建突击队”“同心共创，方案路演”“行动复盘，抢占山头”“内化能力，全面复制”，我把该方案叫作“破局行动”，希望借此行动，你能将前期规划的各类方案内化为企业能力，外化为企业行动，真正实现企业的升级目标，这也是我写本书的初衷所在。

亮点5：大量实操案例

为了方便你的理解，针对每个知识点，我都会引用成功案例来加以

说明，这些案例不仅具有代表性而且真实可靠。案例一部分来自我的实操总结，它们是我从事传统企业互联网化的咨询和运营服务 15 年的积累；另一部分来自公司和合作伙伴的实战总结。案例中，我会尽可能介绍成功实施的步骤和关键点，供你参考。但部分案例，因为客户的保密关系，我只能用“某化妆品”“某商超”等字眼代替，希望你谅解。

本书主要内容

第一章认识新零售，介绍新零售的定义、特点，帮你理解新零售“新”在何处，尤其以数字为驱动的线上线下融合的新业态，都呈现哪些特色，利用这些特色“生长”出的新物种都有哪些。本章的关键部分是：新零售的框架模型，这一部分从技术层的基础设施搭建、运营层的“人、货、场”策略重构，到目标层的升级效果，构建立体的框架，让你一幅图便能看清新零售全貌。本章对你正确认识新零售至关重要。

第二章是本书的重点，也是“干货”章节，将介绍零售落地工具，即“新零售落地画布”，我将逐个对画布中的 7 大关键能力进行讲解，依次为营销数字化、关系数字化、门店数字化、场景体验力、产品吸引力、业务共享力、数据驱动力。本书在后续章节中讲解的企业升级步骤也将以此为基础展开。

第三章是画布的应用章节。为了方便你进一步理解“新零售落地画布”，我总结了企业升级的 3 条路线，分别是数字化改造、体验升级、模式创新。在教你选择升级路线的时候，我都会用案例切入，并介绍各条路线下画布工具的应用分布。

第四章介绍落地的路径和工具：我为你准备了五步法规划升级路径，系统性地帮助你规划升级方案，其中会引入几个规划模型和表格，这些模型表格不仅能够应用在新零售领域，其背后的原理逻辑还能应用在企业的其他方面，是值得你好好收藏的。比如说测评工具，它可以帮助你比照当下的企业能力现状，清晰了解企业的优势和劣势，找到最大的能力缺口，自我评估是升级的基础。可以说，第四章是本书的精华所在，工具表格是我赠送给你的超值礼物。

第五章讲解零售升级的落地行动方法。希望你不要仅把本书当作普通“书”而已，而是“行动手册”，真正将方案落实到企业的行动中。因为，企业光有创新的方法模式，而没有好的基因和土壤，再好的种子也难发芽，这个基因和土壤便是企业的组织架构、企业文化、员工激励等，因此本章节会告诉你如何培育企业内部的创新土壤，如何去孵化创新的种子。好的种子加上好的土壤才能将方案转化为行动，这才是本书的宗旨。

鸣　　谢

在写作本书时，我要特别感谢易观天马云商的杨彬总裁、冯阳松总裁。因为在易观工作的几年里，他们帮我建立了模型化思维体系，易观提出的“三大战役模型”“新电商模型”至今仍被很多企业使用，为千千万万的企业创造了价值。本书提出的“新零售落地画布”也是基于易观发布的“数字化零售模型”进行的二次开发，易观让我在多个大中型企业互联网化转型项目中快速成长。

其次，我也要感谢京东云。在我作为易观合伙人期间，有幸参与京东云的新零售项目，让我从技术底层接触到了国内前沿的数字技术，让我从技术视角看到了零售业态的发展趋势。

另外，我要感谢金蝶、广州互动派、百分点等技术合作公司，为本书的形成提供了技术支持。

我还要感谢清华大学、北京大学、武汉大学、中山大学、江西财大、青岛大学、北科大等院校，让我登上总裁讲堂，将自己15年的互联网经验对外输出，影响了上千家企业，为社会创造了价值。

当然，还有很多曾经帮助过我的人，无法一一列举，借此书，也表达我的感激之情，谢谢你们。

同时，我也很惭愧，因为在我工作和写作本书的期间，父母陆续住院做手术，作为独子的我没能好好陪护尽孝，父母的爱和包容，让我能安心工作，希望天下父母都能健康平安。

还要感谢我的太太陈飞霞女士，她在我写作期间，帮我处理了大量家务事和女儿的教育工作。

最后，因为我个人的工作经历和视野局限，书中的观点和数据难免会存在偏颇，不正之处还请谅解、指正。

目录

第二章｜新零售落地画布 / 37

“新零售落地画布”描绘了新零售的整体画像，你可以清晰地看到零售升级的7个模块。模块分布在营销运营、场景体验、技术平台三个层次。业界各类成功案例只是画布中各个模块的灵活组合。无论是大型企业还是中小企业，都可以借助画布找到自己的升级方向。

读完前面讲述的七大模块，哪些模块是你急需升级的呢？“营销数字化”“关系数字化”对你更加重要？还是“场景体验力”“产品吸引力”更加重要呢？再或者，是否应该从技术底层先建立起“业务共享力”和“数据驱动力”呢？为了帮助你回答这些问题，本章节介绍升级的三条路线：数字化改造路线、体验升级路线、模式创新路线，难度也依次增加。

本章我将在“新零售落地画布”工具的基础上，通过5个步骤教你如何制订零售升级方案，每个步骤对应1个工具表格。有些步骤是封闭式的，如第1步企业自评，为自己打分，自我审视。而有些步骤则是开放式的，如第5步，需要企业内部集体研讨，群策群力，给出答案。接着，我会用一个亲身经历的项目，将整个工具的使用过程演绎一遍。

我们需要在知行合一上面下功夫，于实处用力，将本书内容转化落地。

在创新实施中，企业要正视过去的成功基因对创新的机制匹配度，运用创客化组织和精益创业的新思维、新工具，跨越“创新者的窘境”，最终实现新的增长。

第一章 认识新零售

新零售是以消费者为中心，围绕消费升级的需求，通过云计算、大数据、人工智能等基础设施建设，对零售“人、货、场”要素进行重构，进而实现提升用户体验、降本增效的零售目标。可以说，它只是新在思维和手段上，并没有真正意义上改变零售的本质。

开篇之前，我想先介绍当下正火热的零售“新物种”——盒马鲜生的案例，让你对新零售有一个大概印象，并且引发你的一连串思考。

盒马鲜生开启新零售时代

零售行业负重前行之际，在2017年，阿里巴巴旗下的新零售项目“盒马鲜生”却逆势开店，覆盖上海、北京、宁波、武汉、广州等地，并实现规模化盈利。盒马鲜生打破原有门店功能，对其更新定位，是集超市、物流配送、体验互动和餐饮为一体的复合功能体。它不仅为顾客提供商品服务，而且提供了一种生活方式。

图 1-1　盒马鲜生会员店一景

盒马鲜生开业以来，经营数据领先同行。比如上海金桥店，其坪效为5.6万元，同业为1.5万元，超出同业近3倍；客户月购买达到4.5次，同业只有2次。线上订单的比例达到了50%～70%，转化率35%，远高于传统电商，活跃用户每月达到了 29.7 万人。

它的成功源于什么呢？

◆ 基于生活场景重新定位店铺功能

传统精品超市、社区超市、便利店，都是以店的规模、人群的划分来定位。而盒马鲜生是基于场景定位的，围绕“吃”这个场景来构建店铺功能和商品品类。盒马鲜生的店铺面积在 4000 平方米左右，既有生鲜超市，也有餐饮区，整个超市有三分之一左右的地方是仓库，盒马公司内部将其总结为“一店、二仓、五个中心”，即一个门店，前端为消费区，后端为仓储配送区，五个中心分别是超市中心、餐饮中心、物流中心、体验中心和粉丝运营中心，如图 1-2 所示。

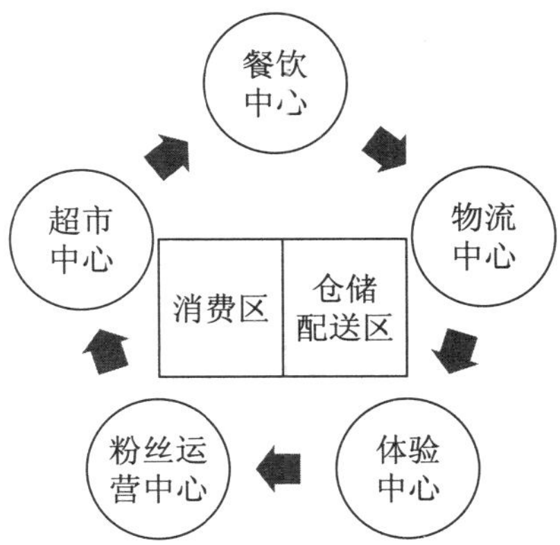

图 1-2　生活场景定位

超市中心：主售高端果蔬，日用品、调味品、海鲜加熟食，堂食餐饮、膳食用品达到 5 万余个 SKU（Stock Keeping Unit, 库存量单位）。其销售的生鲜食品非常有竞争力，海鲜可以现场加工食用，价格比海鲜餐馆低。生鲜食品的价格对标菜市场，而不是超市。有些甚至比菜市场的价格还低，以上海为例：绿叶菜的价格大部分时间比菜市场的低 30%；猪肉比菜市场的低20%。低价的背后源于产地直采，生鲜商品的第一环节便做好包装，避免在运输、门店运营和客户挑选中的耗损，另外一项关键是数字一体化运营，将物流、财务、门店、手机、APP（手机应用）、会员、营销等实现一体化的系统管理，实现成本降低、效率提升。

餐饮中心：用户选购完商品，随即可以在现场用餐，你可能会问，为什么将餐饮和超市放在一起。你联想一下百货公司人流最旺的是哪个区域，就能理解了。餐饮，具有天然的高黏性、高频率属性，和超市配合一起，能够为店铺带来大量的客流。另外，餐饮就是盒马鲜生的加工中心，它可以提供更多的半成品、成品在网上销售。更关键的是生鲜的耗损率高，餐饮可以加速商品流转，降低耗损。

粉丝运营中心：盒马鲜生提倡“让吃变得快乐，让做饭变成一种娱乐”，因此不断推出各种各样的活动让消费者参与，让“80后”“90后”消费者在家里做每一顿饭的时候都能够体现它的价值。盒马鲜生在整个店里设置了大量的线下分享、DIY（Do it yourself, 自己动手制作）、交流，等等。让“吃”这件事变成娱乐，变成快乐，消费者就会具备强烈的黏性。

体验中心：盒马鲜生和传统零售不同，传统零售的销售主要靠线下完成。而盒马鲜生70%～80%的订单由线上完成，线下则扮演线上电商的体验店，或者说盒马鲜生是定位在基于线下门店的一家互联网公司，线下只是让客户去体验商品和互动服务，交易环节更多在线上完成。因此，如果你进入盒马鲜生的门店，服务人员都会要求你安装一个APP，APP不仅是你购物支付的唯一途径，也是为培养你线上下单的习惯。

物流中心：新的消费场景下，更多消费者希望商品能够直接配送到家。而实体店铺是商品离消费者最近的场所。因此，盒马鲜生做到“店仓一体”，实体店的三分之一区域做仓储和配送，实现了以店为中心的3公里以内30分钟送货上门，让客户在家中就能享用鲜美商品。客户在APP上下单，工作人员现场拣货，打包送入顶部悬挂链，传送到配送区。配送人员根据订单地址送货上门。这是消费需求驱动下的店铺功能升级的创新尝试。

构建线上线下一体的融合模式

线上和线下的消费场景，如图 1-3 所示：

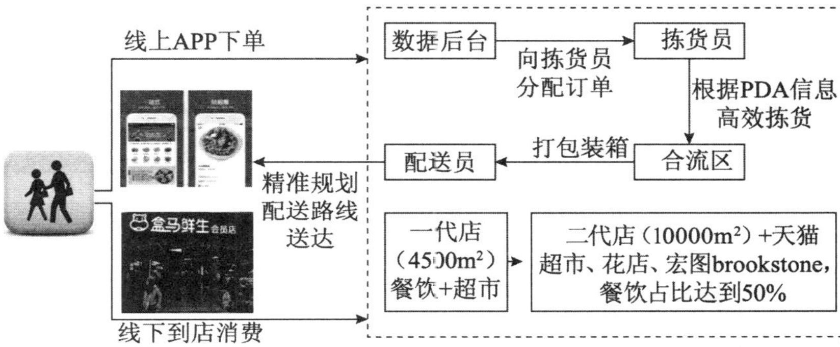

图 1-3　线上线下的融合

线上消费，通过 APP 下单，数据会传到商超的后台，拣货员会根据拣货系统进行仓储合流，合流后打包、封装、配送，不到 10 分钟就可以出店送货，整个过程，半小时送货到客户家里。

线下店消费流程和我们传统的消费方式是一样的，但是它的支付环节要求使用 APP 支付。目前，一代店是 4500 平方米，二代店 10000 平方米，商品更加丰富，里面涵盖了天猫超市、花店、宏图 brookstone，其中餐饮比例达到 50%。

引入数字化技术提升运营效率

首先，实现客户数字化。通过摄像视频对门店内的客流进行分析，通过热力图掌握客流动向，以及通过货架、商品前的客户停留时间来判断用户对品牌或品类的兴趣程度；Wi-Fi 探针的部署，帮助识别客户画像，做到精准的服务和营销。另外，要求每位购物客户安装 APP，实现随时随地连接客户，便于日后的会员运营工作。

其次，实现商品数字化。盒马鲜生主打水产、蔬菜、瓜果等生鲜产品，生鲜是一个价格变动相对频繁的品类。盒马鲜生为每一类商品对应一个电子价签，价签上提供品名、价格、单位、规格、等级、产地等传统纸质价签提供的商品信息及对应条形码，客户可以通过APP扫码了解产品信息并加入移动端购物车，并完成线上下单。使用电子价签之后，店员只需在后台更新价格，便能完成盒马鲜生APP和实体店内商品的同时变价。电子价签的运用几乎完美解决了纸质价签变价过程中速度不及时、浪费人力和纸张的问题。另外，每件商品都有自己的独立条形码，便于场内的物流跟踪，比如分拣人员通过手持的移动终端系统（PDA）获得入库登记的商品位置信息，用终端扫描分拣的商品条形码，便可以确保商品在配送环节中可被追踪，同样，该商品的配送环节也可以供客户查询。

并且，在线购买支付必须在APP上完成，促进了APP的安装。这一步实现了客户在线化，方便获取客户的购物行为、购物偏好、购物习惯，通过数据收集，提升客户体验，为日后开展精准营销和运营工作打下基础。

回顾一下，盒马鲜生从“吃为乐趣”的全新生活体验切入，重新定义了超市功能，并以数字化的平台基础，结合电子价签、摄像头技术、悬挂链、PDA分拣系统等数字设施，将客户、商品、场地运营、营销、物流各个环节打通，提升了运营效率。

看完盒马鲜生的案例，你得到哪些启发呢？

你是为新零售带来的新机遇感到高兴，还是为自己不知如何升级转型而感到焦虑呢？

请写下你的感受。

好的，下面，本书的章节正式开始。我将为你解读新零售，并教你如何转型升级。

第一节　新物种、新挑战

2016年10月，阿里巴巴集团董事局主席马云出席杭州云栖大会时提出“新零售”概念，他认为目前传统零售行业正受到电商及互联网的巨大冲击，互联网正在加速不创新不变革的传统零售企业的淘汰进程。传统零售应该积极拥抱互联网，与互联网公司、现代物流、大数据公司等合作打造新零售业态。

新零售到底厉害在哪？我们对比一下各业态的指标数据。“坪效”是衡量新零售店铺经营效率的重要指标，测量店铺每平方米面积一年的经营收入。根据易观数据，传统零售业态中，社区店的坪效表现较好，达到2.69万元/平方米•年，购物中心相对弱，只有0.6万元/平方米•年，而新零售业态，世界第一的苹果店铺达到37万元/平方米•年，世界第二的小米达到27万元/平方米•年，永辉超级物种达到6万元/平方米•年。如表1-1所示。

表1-1　传统零售与新零售的坪效对比

传统零售坪效（万/平方米•年）		新零售坪效（万/平方米•年）	
购物中心	百货	苹果	小米之家
0.6	1	37	27
社区店	永辉超市	永辉超级物种	盒马鲜生
2.69	2.14	6	6

表 1-1 的数据对比，能否带给你紧张和兴奋感呢？新零售的快速渗透，让很多企业倍感压力，而新零售的坪效数据极具诱惑力，又成为传统零售的学习对象。

那么，为什么会产生新零售？背后到底发生了什么？

一、线上往线下渗透

很多人认为互联网冲击了传统实业，并将互联网比作“站在门外的野蛮人”或者叫作“狼来了”，用“野蛮人”和“狼”来形容互联网，可见传统企业“又恨又怕”的真实感受。而我认为“恨和怕”的观点本身也很可怕，这是一种逃避心态，不能解决问题，拥抱互联网才是传统企业应持有的态度。

我认为：“互联网是在帮助传统企业升级，如果传统企业不去思考，不去进步，不去参与市场的激烈竞争，实现自我进化，那么迟早也会被新业态新思维取代。互联网只是加快了取代的步伐而已，逼着你去改进，逼着你去进步、去提升。”

以前在网上流传一个段子，一家外贸鞋店的门口挂着条幅，写着“马云我恨你”，里面的鞋子卖不掉，如图 1-4 所示。

图 1-4　某外贸鞋店门口

确实，在 2003—2013 年，电子商务凭借价廉物美吸引了大量的线下消费者转向线上购物。但从根本上讲这不是互联网的问题，而是这个鞋店老板要重新思考再定位、模式改造的问题。传统零售模式创新速度慢，长期不变革，当然难以招架快速变化、持续创新的互联网的直面竞争。

如果说 2003—2013 年，传统零售业受到天猫、京东等纯粹线上零售的冲击，尤其是标准化产品的销售，线下甚至与线上形成了对立面，那么，现在这个局势产生了变化，纯粹线上零售开始与线下融合，你所“恨”的阿里巴巴和京东，已经开始向线下延伸，此时，你还有什么理由责怪线上侵占了线下呢？线上与线下的融合才是大势所趋。

我们来看看，近年来阿里巴巴对传统零售的渗透动作：

2018 年 6 月，阿里巴巴全资公司盒马科技与深圳岁宝百货达成战略协议，分阶段将岁宝百货的超市业态改造成盒马鲜生超市。

2017 年年底阿里巴巴入股高鑫零售 190 亿元，直接和间接持有高鑫零售 36.16% 的股份。高鑫零售是中国规模最大及发展最快的大卖场运营商，以欧尚、大润发两大品牌在全国 29 个省市自治区运营 446 家大卖场。阿里巴巴集团 CEO 张勇指出：“高鑫零售是国内最大的商超卖场运营者，也是中西方零售业集大成者。此次战略合作的达成，意味着零售业将实现以条形码扫描为代表的 IT（Information Technology）时代向以大数据和线上线下融合为代表的 DT（Data Technology）时代跃迁，这在全球商业史上具有里程碑式的意义。”

阿里巴巴其他投资动作包括：分别于 2014 年、2017 年两次投资银泰百货，投资金额累计 222.5 亿元，现已成为银泰百货的最大股东；2015 年投资苏宁易购 283 亿元，2016 年投资浙江的三江购物 21 亿元，2017 年投资联华 6 亿元，具体如表 1-2 所示。

表 1-2　阿里巴巴近 5 年的线下投资

企　　业	业　　态	投 资 时 间	投资 / 合作
岁宝百货	大型超市、百货	2018 年 6 月	战略合作
高鑫零售	大型综合超市	2017 年 11 月	190.02 亿元
新华都	超市、百货	2017 年 9 月	2.74 亿元
联华	大型综合超市、超市、便利店	2017 年 5 月	约 6 亿元
百联	综合	2017 年 2 月	战略合作
三江购物	超市	2016 年 11 月	21.48 亿元
苏宁	综合	2015 年 8 月	283 亿元
银泰	百货、购物中心	2014 年 4 月，2017 年 1 月	222.55 亿元

那么，为什么线上平台需要进行线下渗透呢？

（一）线上平台复合增长率呈现下降趋势

首先，介绍一个市场生命周期的通用模型，如图 1-5 所示。纵轴是市场的增长率，横轴是市场阶段。我们知道市场有自己的周期规律，即萌芽阶段、成长阶段、成熟阶段和衰退阶段，各阶段是以市场增长率作为测量指标。在萌芽阶段，市场保持快速增长，这个阶段往往不建议企业去教育市场，尤其是中小企业，市场教育成本太高、失败的风险太大；在成长阶段，市场增长提速，此时企业需要马上跟进；在成熟阶段，市场增长率达到峰值，此时的市场里充斥着各种玩法和拼杀；在衰退阶段，市场增长率开始下降，企业需要考虑战略转移。

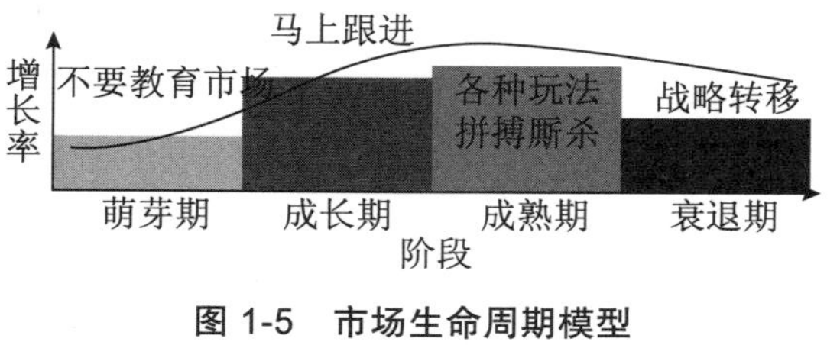

图 1-5　市场生命周期模型

那么，我们以“天猫”为主要代表的线上零售处于市场哪个阶段呢？

这里，我们只需要了解天猫历年的销售增长率即可，从增长率上升或下降，便能判断当前所处的阶段，以及接下来该采取的策略。

我在阿里巴巴历年的财报上，收集了天猫从 2012 年 Q2 季度到 2016 年 Q2 季度的 GMV（Gross Merchandise Volume）交易额数据，如图 1-6 所示。

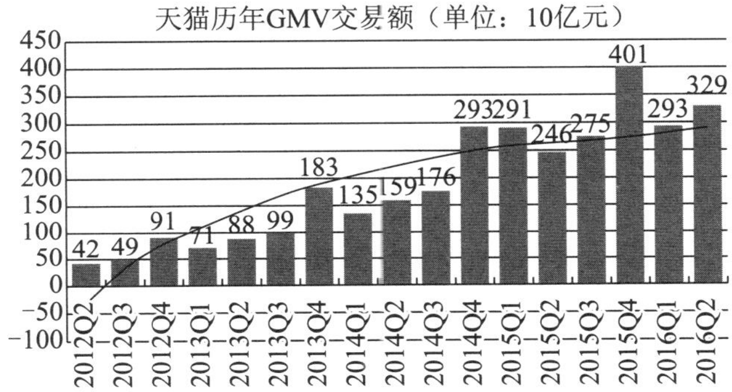

图 1-6 天猫交易额数据

图 1-6 曲线的斜率代表增长趋势，可以看到斜率逐渐趋于平缓，即增长率在下降。如果这张图还不够直观，那么，我们将各季度的增长率来做一个对比，如图 1-7 所示，可以看到增长率总体呈现下降趋势。

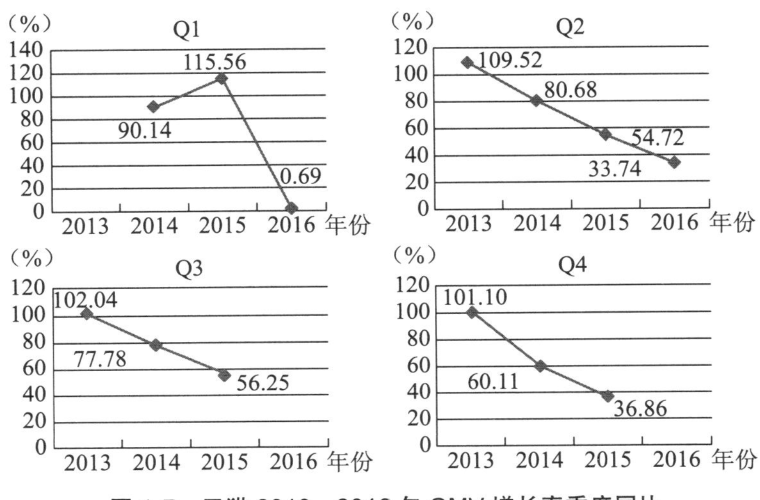

图 1-7 天猫 2013—2016 年 GMV 增长率季度同比

由图 1-7 我们可以得出结论：以天猫为主要代表的线上零售，目前处于市场的成熟期或即将到来的衰退期阶段，企业需要考虑的是“各种拼杀手段和打法”或者将业务重心转移。

（二）线上流量成本越来越高

做电商运营，衡量流量贵不贵，有一个关键词叫 CPC（Cost Per Click，单次点击成本），以天猫为例，用户通过关键词搜索产品，产品广告以“豆腐块”的形式一个个陈列在搜索结果页上，除了自然展现的“豆腐块”（叫作“自然流量”，用户点击后，商家无须付费），还有部分“豆腐块”需要通过竞价获得（叫作“收费流量”，天猫叫“直通车”，用户点击后，商家需要付费），2010 年 CPC 的价格在 0.2 ～ 0.5 元较常见，而现在 1 ～ 5 元较常见。可见，商家的推广成本越来越高。

假如 CPC 流量成本是 2 元，这是贵还是不贵呢？我们排除“自然流量”，按照服装行业 2.4% 的转化率计算（100 个访客，有 2.4 个购买），100 个访客的成本是 200 元，2.4 个客户购买商品的毛利需要涵盖 200 元的推广成本，可想而知难度非常大，这里我还没计算平台佣金、物流费用、人工成本、仓储成本等。

为什么流量成本会变贵呢，因为僧多粥少。“粥”是购买用户，我们知道，中国网络用户增长趋缓，线上购物人群已接近瓶颈；“僧”是卖家，店铺卖家还在增长。增长的卖家争抢有限的买家。另外，点击率高的“豆腐块”在搜索结果页的第一屏，卖家们只有争抢数量有限的高点击的广告位，才有可能为店铺带来流量，而广告位主要按出价高低进行展现，于是形成了推广成本“水涨船高”的局面。

这几年，我遇到几个品牌商家，他们已经不把天猫当作一个传统意义的“挣钱渠道”，而是当作“品牌传播渠道”，他们采取“高价卡位”策略，即通过出高价竞争广告位，只要产品曝光量大，就达到了传播效果，其广告成本比传统媒体便宜，且更加精准。品牌商通过掌控“高搜索量的关键词+高点击率的广告位”，实现了产品曝光和线上线下一体的销量提升。

品牌商利用这种方式获取了优质流量，这对于处于“腰部和底部”的商家，经营无疑越发困难。

（三）线上渗透率遭遇天花板

线上生存环境里，类似阿里巴巴、京东的企业也正在遭遇困难，因为线上的流量红利期逐渐消失。什么叫流量红利期呢？大家常说，中国的经济发展得益于人口红利，劳动力多、人工成本低。而现在中国对世界出口的优势在下降，背后人口红利的消失是关键原因之一，人工成本越来越高、老龄化社会的威胁下劳动人群占比下降。

换到互联网也是同样的道理，一方面，互联网人口增速减缓。从2006年开始，我国网上零售额可以说一直呈现超高速增长，估计是刚开始觉得网购很新鲜，不出门也能买东西。但从2013年开始，网上零售增速开始减缓至50%以下，2015年，增速首次低于40%，2016年增速只有26.2%。

另一方面，网上零售的渗透率即将遭遇天花板。2017年，网上零售额在社会零售额的占比达到19.6%。根据易观预测，渗透率的峰值在30%，也就是说，未来每消费100元商品，最多只有30元会在网上完成。那么其余的70元会在哪里完成呢？答案是：线下。尤其近几年涌现的“服务类、品质类、体验类”的商品主要依靠线下销售。我们说马云再厉害，也必须在线下理发，在线下吃饭，就是这个道理。

二、产业链缩短

困境1：流通环节过长

我服务过的一家客户公司“蒂花之秀”，向我反馈公司的利润都被中间商赚走。中间有三层，层层加价20%，带来很多问题。比如在公司侧，产品利润率低，研发资金受到制约；在消费者侧，价格优势不明显，产品没有竞争优势。

流通环节过长的问题，使得生产端和消费端都很尴尬，如图1-8所示。如何破解流通环节过长？这是当前品牌制造业普遍关心的问题。

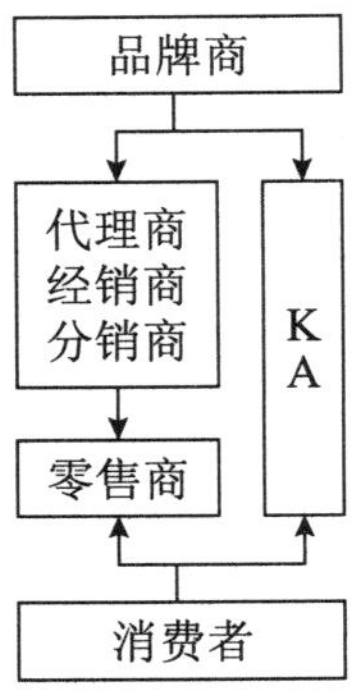

图1-8　传统商品流通环节

困境2：品牌厂家难以掌控消费者

消费者被渠道掌控，也给品牌制造企业带来隐忧。蒂花之秀，依靠大渠道大分销的模式使得企业快速成功，但这种方式也使得99%的消费者都被渠道掌控，未来，品牌厂家该怎么办呢？企业开始产生忧虑。客户全被中间商掌控，品牌商和消费者不存在直接关系，怎么办？品牌企业虽说能够借助互联网“去中间化”，比如在商品上放置企业的公众号二维码，让消费者扫码，但也会遇到合作渠道的阻力，部分渠道会认为你在抢走它的客户，引发“渠道冲突”。尤其，对从一开始就和品牌商一起打天下的老经销商来说，于情于理都行不通，怎么办？因此，如何让品牌厂家直接掌控消费者，而又不造成渠道冲突，成为我们亟待解决的问题。

“互联网+”的一个关键主张是“去中间化”，提升产业效率。如图1-9

所示，在产业环节中，名创优品在供应端直接对接品牌商或制造商，在销售端避免过长的流通环节，直接零售自营或发展零售加盟，中间没有了二级、三级流通环节。

网易严选，也没有过长的流通环节。严选将网易邮箱以及网易游戏积累的用户资源对接到商品销售。为了绕开跟京东、天猫竞争，它走的是一条差异化路线，迎合中产阶级人群消费升级，满足品牌弱化、品质强化的需求。做法是：找大品牌代工企业帮助生产制造，比如手袋是原LV代工厂生产的，包包是阿玛尼代工厂生产的，大牌品质更有保证。

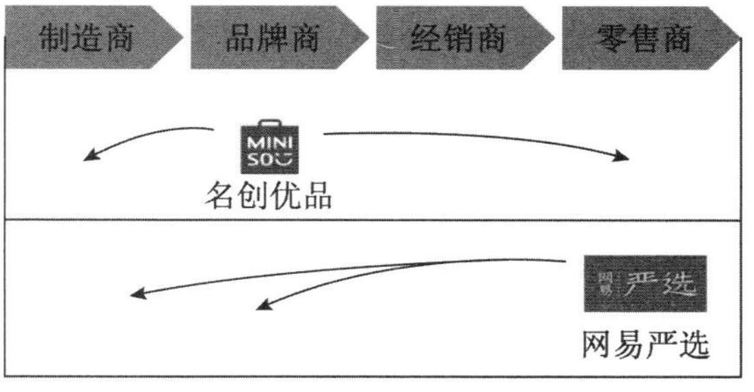

图 1-9　新物种渠道明显压缩

三、新零售是传统零售的补充和升级

互联网背景下的“新零售”对传统零售的渗透，是狼来了吗？其实，并不是狼来了，如果自己不思进取，不去创新，不去找一些救命的抓手，那迟早是要被取代的，或者说是被时代淘汰。相反，我更偏向认为，新零售是传统零售升级的鞭子，鞭策着传统零售加速创新。新零售，本质不是为了产生冲突而诞生的，比如京东推出的“新通路”，阿里巴巴推出的“零售通”，还有“中商惠民”等零售产业平台，旨在借助云计算的方式，为店铺赋能，提升店铺的供应链能力、销售能力、选品能力、导购能力，等等。

另外，所谓新零售，可以说只是“新在手段”，也就是以用户为中心，以数字化驱动为核心的手段，它并没有改变零售商业本质。仔细分析下，阿里巴巴、京东整合线下都是从哪里入手？其实，都是以“成本的降低、效率的提升，优化用户体验”为目标，还是离不开零售的本质：成本、效率与体验。所以说新零售并没有改变零售的本质，它只是新在手段而已。

新零售的时代下，我们要做的是利用新零售的思维、方法和工具，帮助企业提升。

第二节　新零售的定义

一、业内定义

阿里巴巴认为：“新零售是基于互联网思维和科技，通过整合线上、线下物流全面改革升级现有社会零售，使商品流通和生产服务过程更加高效。”

——这个定义，效率是终点，利用互联网思维和科技手段，改造线上、线下物流，最后提升生产、流通和服务的效率。

小米认为：“新零售的本质是改善效率，通过产品升级释放消费者购买需求。”

——本质就是改善效率，主要手段是产品升级，释放消费者购买需求。小米一直追求极致产品路线。雷军在 2017 年“两会”上提出“创新决定飞多高，品质决定走多远，品质和创新一样重要”。可见零售升级的关键是品质的升级，产品品质是新零售的核心。

商务部认为："新零售是以消费者体验为中心，行业降本增效为目的，技术创新驱动要素全面更新的零售。"

——强调消费者体验、行业降本增效以及技术创新。

苏宁易购认为："新零售下，物联网和互联网结合，感知消费者、预测趋势、引导生产制造，提供多样化、个性化服务。"

——苏宁给出的定义里，指出新零售不仅改造销售端，也可以影响生产制造。

二、关键发现

解读以上概念，找到核心关键，即：

a. 降本增效是本质；

b. 释放需求提升体验是目标，技术创新是驱动；

c. 通过技术手段，实现智能化的感知、预测，进而带动生产制作和销售全过程。

基于以上关键，我对新零售的理解为：

"新零售"是以消费者为中心，围绕消费升级的需求，通过云计算、大数据、人工智能等基础设施建设，对零售"人、货、场"要素进行重构，进而实现提升用户体验、降本增效的零售目标。

第三节　新零售的新框架

我将新零售的定义，用一幅图来展现，构成了新零售的新框架，分为搭建设施、重构要素、实现目标三个层级，如图 1-10 所示。

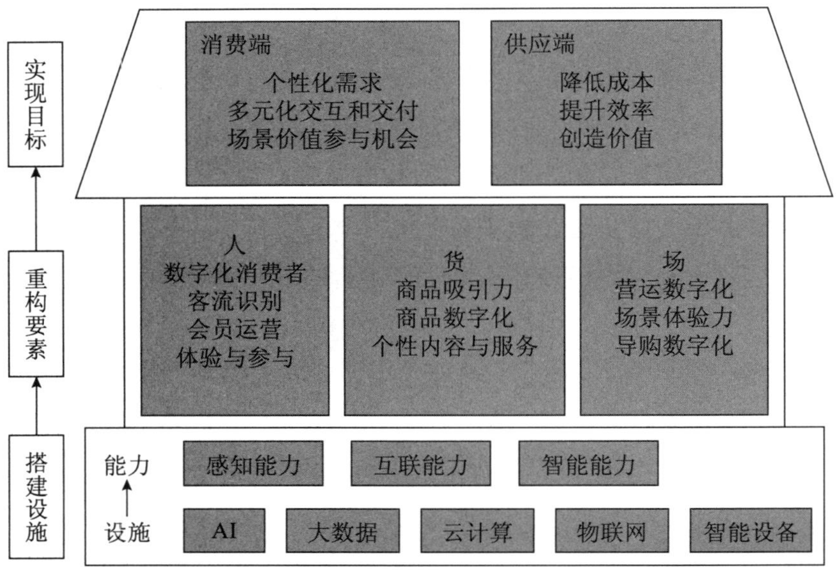

图 1-10 新零售的新框架

一、搭建基础设施

以三大设施为基础，我们又称为“ABC 战略”，A 是 AI，即人工智能；B 是 Big Data，即大数据；C 是 Cloud，即云计算。另外，物联网的建设也将成为基础设施，阿里巴巴集团在 2018 年云栖大会深圳峰会上宣布：集团将全面进军物联网领域，IOT（Internet of things）是阿里巴巴集团继电商、金融、物流、云计算后新的主赛道。互联网的下半场是将整个物理世界数字化，道路、汽车、森林、河流、厂房……甚至一个垃圾桶都会被抽象到数字世界，连到互联网上，实现“物”“物”交流，“人”“物”交互，阿里巴巴集团计划在未来 5 年内连接 100 亿台设备。

通过搭建这些基础设施，可以帮助我们实现三大能力，即感知能力、互联能力和智能能力。

（一）感知能力

感知消费者、供应链、生产制造，形成基础数据。

1. 消费感知领域：你在购物时，智能设备能匹配你的消费数据（消费的商品、金额、时间等）、购物偏好（颜色偏好、时间偏好、品牌偏好等）、个人特征（年龄、性别、区域、职业、人生阶段等）等基础信息，为营销和服务策略的制订提供数据支持；

2. 供应链领域：获取仓储、配送、销售环节的各类数据，甚至将客户数据、企业内部数据、供应商数据汇总到供应链体系中，通过供应链上的数据采集和分析来优化供应链，做到对客户快速响应以降低成本。例如，在农产品的流通过程中，鲜活农产品的生物性能（含水量高、保鲜期短、极易腐烂变质等）对运输的条件和保鲜条件提出更高的要求，因此，运输环境的监控和地理位置追踪是农产品流通过程中非常重要的部分，采取措施如：在运输车辆上安装物联网数据采集仪器，采集农产品流通过程中的环境参数（温度、湿度、二氧化碳含量）、对应的地理位置（经、纬度）以及采集时间（甚至精确到秒）；

3. 生产制造领域：多数制造业的流程传统而粗糙，数字化会给制造业带来更精准、更先进的工艺、更优良的产品。比如，在工业制造生产线设备上安装传感器，来收集温度、压力、热能、振动和噪声等各类数据。利用这些数据，进行设备诊断、用电量分析、能耗分析、质量事故分析等。再举个例子，在改进生产工艺方面，利用这些数据，就能分析整个生产流程，了解每个环节是如何执行的。一旦有某个流程偏离了标准工艺，就会发出报警信号，快速地发现错误，及时解决问题。

（二）互联能力

我们把 A 设备的感知数据和 B 设备的感知数据及时与其他设备数据连通起来，相比以前的数据孤岛实现了数据的互联。数据由小变大，能够更完整、更精准地判断一个事物。比如在互动营销方面，将用户在优酷上的电影观看数据和淘宝上的购物数据进行互联，于是你在观看电影的时候将会看到自己感兴趣的商品广告；又如将线上天猫的消费数据与线下百货公司的消费数据进行互联，于是你在天猫搜索过一个皮包，然后去百货公司的时候，导购终端上推送你可能感兴趣的皮包。

通过感知数据的互联，线上平台之间、线上与线下之间实现了数据共享和互通，数据孤岛被打破。随着阿里巴巴、京东这类线上零售巨头与实体零售合作加速，未来线上线下多场景的数据将被打通，用户数据将变得更加完整。

可以预见，数据将向中心化、集中化发展，但同时“数据安全问题将是难以回避的话题，尤其是用户隐私数据”。

（三）智能能力

对数据进行加工处理，通过模型算法为生产、流通、营销提供智慧决策。例如，尚品宅配将前台的订单与后台的生产环节打通，在制作板式家具的时候，自动形成配料单。另外，车间是机器指挥人干活，机器告诉工人要什么原料、怎么放，生产效率明显提高。

智能能力也应用在消费者营销互动、供应链管理方面。本书后续介绍的智能能力，主要讲解消费端营销互动能力。

二、重构零售要素

前面，我们通过搭建基础设施获得了“感知”“互联”和“智能”三大能力，接下来，我们需要将三大能力应用到零售场景中。“人、货、场”论是零售行业中一个不变的主题，不管技术和商业模式怎么改变，零售的基本要素都离不开“人、货、场”三个字。人：代表消费者，我们所做的一切努力都是为了满足消费者的需求，消费者的满意和愉悦感是检验零售模式成功与否的核心关键；货：代表价值，匹配人的需求所对应的商品价值，围绕这个价值我们需要考虑“卖什么、卖多少、怎么卖、赚多少”；场：代表消费场景，无论是互动场景，如直播互动、短视频互动、微信互动，还是交易场景，如天猫交易、京东交易，也不管是线上场景，还是线下场景，我们都称之为“消费场景”。

“人、货、场”三个要素共同构成了新零售的三大关键，我们做的所有工作都是围绕这三点进行的，具体如下。

（一）人

1. 消费者数字化：要想做到消费者洞察，数字化是前提，通过智能设备收集消费者画像信息，建立消费者数字标签体系，便于日后的精准营销和差异化服务。

2. 客流识别机制：通过客流识别，监控区域之间、品牌之间、店铺之间、楼层之间、商品之间的客流差异等信息，分析差异原因，给出选址、选品和营销调整方案。

3. 建立会员数据化：我们都知道要将 80% 的精力去服务 20% 高价值的客户，那么，我们又怎么能够在客户走进门店的那一刻，便能判断出此人是否是高价值客户呢？因此，建立数字化的会员档案至关重要。会员一旦走进门店，智能设备便能收集客户基础信息，然后将客户数据与会员档案进行匹配，若判断是会员，则第一时间提醒导购人员。

（二）货

1. 商品吸引力：功能、价格、体验设计构成了商品吸引力的三大关键，典型的是小米和名创优品。小米公司选择海量、刚需、高频商品切入市场，覆盖 3C 电子和生活周边商品，商品的选择能够满足 80% 人群的 80% 的需求。小米借助极致的供应链体系，以及不超过5%净利润的定价标准，在消费者群体中形成“低价格、高品质”的口碑，构建了商品吸引力；而名创优品的核心理念是“优质低价”，所售商品以时尚休闲生活百货为主，产品设计奉行“简约、自然、富质感”的生活哲学。产品具有“三高三低”特点，即高品质、高效率、高科技、低成本、低毛利、低价格，其产品的毛利只有7%～8%。低价的背后同样是极致的供应链和高效的库存周转率。

2. 商品数字化：实现商品数字化，将能够实现多种应用，如跟踪商品的动销情况，根据商品销售情况优化选品、调整货架摆放、跟踪商品库存、库存周转等情况，并可以实现不同店铺、不同渠道之间的商品调拨。

3. 内容与服务：消费升级下，消费者需要的不仅是商品，还有服务、体验以及内容。商品、服务、体验、内容共同组成了“货”的概念。我们现在经常提到内容营销、内容即商品，但我们不要狭隘地理解公众号上发一篇文章就叫内容，这是一个泛内容的概念。我们和消费者之间做一次互动，比如做一场直播秀、录短视频、举办一场活动、邀请粉丝参与沙龙分享，这都叫“内容”，可以说“内容”是文字、视频、音频、活动、主题分享等多种形式的集成，简单说来，所有与消费者的互动，都可以称作“内容”。围绕内容、服务和商品的每一次消费者互动过程，持续强化了消费者价值观的共鸣，升级了企业与消费者的关系。

此时，我们销售的“货”是由“内容”承载的价值观，而不仅是商品，是和消费者价值观产生共鸣、从物理形态的销售转向心理形态的销售、从物质满足到精神满足的升级。

（三）场

1. 营运数字化：我们所有的营销过程全部要数字化，哪个活动做的有效果，哪个活动没效果，哪一类人群对你的活动更加感兴趣，哪个渠道的ROI（投资回报率）高，哪一则广告的点击率高，哪一则广告的点击转化率高，哪个页面客户停留时间久，哪个区域客户停留时间久，只有提升用户的访问深度和停留时间，才能产生更多的购物机会。这一系列工作，全部要数字化。

2. 场景体验力：以卖货和休闲娱乐为核心的商场日子都不太好过。新型的IP（知识产权）型商场开始出现，如芳草地、方所、K11、海洋主题的正佳百货，IP体验是这类商场的核心。新场景下，你是为了与同类价值观人群的互动而来，是为了与商场的人文价值共鸣而来。因此，新零售时代下，如何构建IP型商业，提升场景体验力，成为新课题。

3. 导购数字化：消费者的时间越来越稀缺，去商场里走上两公里才找到想要的皮包是常有的事，这是违背用户体验的，提供数字化的导购，帮助消费者解决“这里是否有我要的商品”“这件商品是否值得购买”“如何快速找到这件商品”等购物环节，帮助客户高效完成消费决策和购买过程，进而提升用户体验。数字化导购为消费者提供最短路径、最短时间找到最想要的商品，不要让消费者去找，不要让消费者去等，不要让消费者“烦”。

三、实现零售目标

到这里，我们不禁要问“搭建设施和重构策略”的目的是什么？我们要分清手段和目的，以至于不会为了“新”而“新”，这里，我们再次强调，“新”只是手段变新，只是工具变新，而这一切的目标始终不变。

（一）满足个性化需求

消费升级时代，每个消费者都希望得到不同的服务和商品，来彰显自己的个性。因为“我们不一样，每个人都有不同境遇”，商品作为符号的特征，能够表达客户不同境遇的诉求。通过“人、货、场”要素的重构，机器将比客户更懂客户，他们知道客户需要什么，根据不同的客户标签划分客户，进而提供千人千面的商品和服务。

（二）实现多元化交互和交付场景

“交互”和“交付”，这并不是在玩概念，请问天猫是交互平台还是交付平台？答案是：交付平台，或者交易平台，这样更好理解。微信是交互还是交付平台，答案是：交互平台，或者社交平台，微信本身没有店铺销售功能，店铺都是由第三方的系统完成，如有赞、微盟。所以，简单理解：交互场景就是社交互动的场景，交付场景就是商品购买交易的场景。

那么，腾讯为什么不做交易呢？因为腾讯没有卖货的基因，他从头到尾都是社交基因，之前做的拍拍网、QQ商城都失败了，不得已入股京东，来扩张平台卖货的能力。同时，天猫为什么不做社交呢？因为天猫没有社交的基因，2013年，阿里巴巴整合全公司力量做了一个“来往”APP，最后也以失败告终，不得已将“美丽说”和“蘑菇街”这类社交电商收入囊中。所以说，专业人做专业事，真是没错。

多元化背后是碎片经济，即交互和交易场景的碎片化。新零售时代，消费者行为越来越碎片化，你可能去斗鱼看一场直播的时候，边看边买、边听边买，听的动作是交互，买的动作是交易，即“直播+电商”。你也可能看了一个微信公众号的文章，通过购买链接或二维码，跳转到微商城进行购买，即“内容+电商”。你甚至可能会通过玩游戏获得积分，拿游戏积分去兑换商品，即“游戏+电商”。一时间，交互的场景变得多元化，交易的平台也从网店变成了“网店+微店+门店”，越来越抽象化。

请问店在哪里？很多人认为店就是网店、门店。

请问能看到商品的店才叫作店吗？店可能在游戏里、在文章里、在一本书里或者在地铁广告里。

图 1-11　某地铁广告前

我们要做的是顺应消费者的碎片化行为，制造多元化的消费场景来迎合消费者，你说呢？

（三）提供价值参与机会

“江小白”白酒依靠段子营销，火遍大江南北。那么它那些走心的段子都是怎么来的呢？

当你打开手机，点击“江小白”的微信订阅号或小程序的话，其中的“我要说”功能可以让你输入你想说的任何话，如果不知道说什么也没关系，它会为你提供各种语言的模板，你可以在上面改，还可以上传自己的照片。每过一段时间，“江小白”的文案团队会从酒友们上传的文案中选择一些精彩的文案印在他们的酒瓶上。可以想象，如果有那么一句话，在某一刻引起了你内心的共鸣，击中了你的心，你会购买吗？这就是价值参与，参与的结果是共鸣。

价值参与不仅表现在产品设计方面，还有传播和销售方面，你所看到的“转发有奖”“销售返佣”这类社交电商形态也是一种价值参与。可以说，现在的消费者，不光只是消费商品，更加愿意参与到商品的生产、设计、销售、传播环节中，甚至参与投资成为创业合伙人。我们要做的是开放商品价值链的节点，让消费者参与其中。

图 1-12 “江小白”广告文案

（四）降本增效

新零售时代，成本得到降低，背后得益于数字驱动，比如营销广告变得更加精准。客户看到的广告不再是千篇一律，而是后台系统通过客户识别画像，根据客户喜好进行投放，投放更精准，成本更低廉。另一方面，门店的运营效率也得到提升。一家库存周转快、商品动销快的门店，其背后一定是有一套强大的数字化供应链体系，能够帮助选款、定价、进货、补货、制订合理销售动线等，以往依靠人工经验完成的工作，现在由系统完成，效率得到提升，也节省了大量人工。

第四节 新零售的特点

一、流量互通

新零售提倡打通线上与线下流量。当前流量分配模式有 4 种：

（一）以线下流量为主

早期的零售业主要依靠线下流量，如沃尔玛。为了与亚马逊等在线零售巨头竞争，沃尔玛试图获得网上竞争力，动作频频，猛挖科技人才，斥 10 亿美元巨资投入电商，在中国曾收购 1 号店等，但未取得成功。当前，正遭遇转型之痛的沃尔玛，2016 年年初对外宣布将在全球范围内关闭 269 家店铺。

（二）以线上流量为主

2003—2013 年，以淘宝、天猫、京东为典型的网络卖货平台，借助网络流量红利快速发展，此时平台主要依靠“流量分发机制”获得收入，平台商家主要精力放在 “流量经营”上，研究如何选取关键词、如何为关键词出价、如何刷单、如何刷好评、如何让新品“破冰”、如何提高图片点击率、如何提高商品转化率等，而不关注“用户经营”。然而当下，随着网络流量红利的消失，这种模式正遭遇发展瓶颈。

（三）线上为线下导流

2010 年开始，以服务模式为主的 O2O 模式开始发力，团购产生于当时，并爆发了百团大战。比如美团，通过在线 APP 汇聚人流，为线下服务类商家导流。O2O 模式覆盖餐饮、电影、洗车、洗衣、按摩等，这是典型的线上为线下导流的模式。

（四）线上线下流量融合

新零售提倡线上线下流量的融合，不仅实现双向导流，打破了流量的天花板，而且实现了用户的数据收集，为商家建立用户的数据资产打下基础。

典型如摩拜单车，我们分不清什么时候线下、什么时候线上，消费者变得越来越“无感”了。“寻车”的场景是线上到线下，你会打开APP寻找附近的车辆，定位车辆扫描开锁，然后骑走。“骑车”的场景是线下到线上，到达目的地，停车锁车，线上自动扣款。再比如盒马鲜生，无论网上订餐还是线下消费，都只支持APP支付，这也是为了打通线上和线下。其间，我们可以看到两个关键的工具帮助我们实现了上下互通：一个是二维码，在物理世界大量铺设二维码，通过手机扫描，便可快速连接线上；另一个是“移动支付”，移动支付是一项伟大的发明，不仅帮我们打通线上和线下，更是为我们生活带来极大方便。试想一下，假如我们将POS机安装在摩拜单车上，然后刷卡支付，这会是怎样的一幅场景啊。现在，消费者只需借助手机扫描二维码，便能完成支付。提升了消费体验，也降低了商家的收款成本，应用范围极广。

二、双向赋能

双向赋能就是把线上能力和线下能力相互转化。

首先，线上具有天然的数据化能力，做过电商的都会有专门的数据分析岗位，用数据来指挥战斗，店铺的陈列布局、数据化选款、数据化测图、数据化营销等一系列运营工作，都以数据为基础，天猫店长每天上班的第一件事便是打开数据报表，查看店铺的各类数据，包括销售数据、商品动销数据、推广数据、商品转化数据、用户访问数据、用户停留数据、用户跳转数据等。这类数据化能力需要将商品数字化、客户在线化后才能拥有。因此，网络店铺具有先天的数据分析优势，数字化能力明显强于实体店铺。

其次，线上有天然的协同便利性，这是线下店铺不可比拟的。每年的“双十一”，各大电商平台实现了商家之间大规模协同作战。比如：

a. 选品协同，平台邀请各大商家提供优质低价商品联合营销；

b. 流量协同，将“双十一”活动页分布在各大商家店铺首页或者商品详情页，为主会场导流。除此之外，商家更是配合从平台以外导流，如线上的微博、论坛，线下的媒体广告共同为会场导流，实现了流量协同大作战；

c. 物流协同，物流公司配合“双十一”大规模送货，实现了送货协同，这种大规模协同能力，只有在线化和数字化后才能完成。

那么，线下商家的能力又在哪里呢？

首先，供应链能力值得他们骄傲，我们传统商家通过长期经营，积累了很好的供应链能力。你仔细留意下，在2008—2013年，淘宝系的“淘品牌”们，有盖过传统品牌的势头，成为大家争相学习的案例，而当下，这些“淘品牌”们已集体落寞甚至消失。再看另一面，传统品牌通过扎实的品质口碑，集体崛起，每年“双十一”的销售前100名基本被传统品牌包揽。这背后是什么？就是传统线下品牌有扎实的供应链能力，能够持续提供有品质的商品和服务，这是短期依靠流量红利快速崛起的“淘品牌”们无法比拟的。

其次，线下店铺具有天然的体验优势。俗话说“百闻不如一见”，网上看到的商品，总是和现实看到的有所偏差。网上的沟通互动虽然便利，但始终不如线下互动直观和生动。在消费升级时代，客户从商品消费，延伸到“商品＋服务＋体验”消费，线下更有利于服务和体验的交付，这是线上难以比拟的。

这两年，实体门店为了给顾客带来更好的消费体验，争相通过融合各类业态进行创新升级。我们熟悉的优衣库正在尝试一场转型，2016年9月2日，优衣库在纽约重开的一家店里，加入了书籍销售区和拿铁咖啡站，让这里变得更像一家能传递生活态度的门店，而不仅仅是卖衣服。进店之后一边是常规的服装选购区域，你可以在这里选到所有你需要的当季服装商品。另外一边专门搭建了一些书架，叫作“Tokyo Newsstand（东京报摊）”，来陈列超过150种书籍和杂志，书籍贩卖区的旁边是一个抹茶拿铁咖啡站，如图1-13所示。

图1-13　优衣库的体验升级

以上，是线下的供应链优势和体验优势。因此，我们要做的不是谁干掉谁，而是充分发挥线上和线下各自的能力优势，实现能力的双向融合。

线上的数据能力、协同能力加上线下的供应链能力、体验能力，这才是新零售提倡的双向赋能新模式。

三、去中心化

当前，天猫和京东已经成为了传统企业的标准渠道配置，标配的问题就是中心化，所有的用户流量必须要通过一个中心化的平台才能到达我们的品牌商。中心化平台里，流量过于集中，平台成了流量的分发器，商家通过竞价获得流量，平台通过分发流量赚取利润，到头来，就像很多企业反映“我们都给平台打了工”。所以，2013 年后，大量中小商家开始“出淘”（离开淘宝），尝试以微信为主的社交电商，社交电商是去中心化的典型，人推荐人，朋友邀请朋友，每个人都是中心，这个时代，推荐取代了搜索，流量从集中变得分散，朋友间的分享形成了购买热点。购买基础，从以平台信任、品牌信任为主的购买方式，转向了朋友信任的购买方式。

火爆一时的拼多多，便是这个时代的产物。拼多多于 2015 年 10 月上线，仅仅两年半时间，拼多多用户量就已突破 3 亿（淘宝 5.4 亿多、京东 3 亿多），每月 GMV（成交总额）超过 30 亿元，成为社交电商的奇迹。每个人只要邀请几个好友一起来购买商品，就可以完成商品的销售。于是，拼多多用了两年的时间走完了京东五年的道路，它的领先并不是它的产品多好，而是它的模式领先。“去中心化”卖货模式和“中心化”卖货模式形成对垒，这就是新零售，如图 1-14 所示。

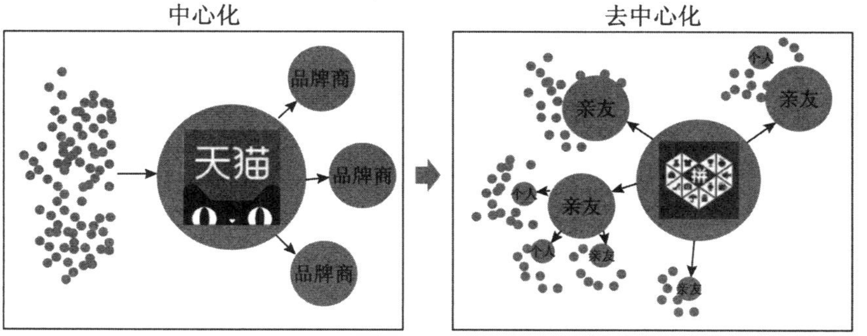

图 1-14　中心化和去中心化

四、线上线下一体化的运营服务

实现一体化运营，我们至少要实现“5 通”，即流量打通、商品打通、支付打通、会员打通、库存打通，如图 1-15 所示。我认识一家品牌服装企业，直到 2017 年都没打通线上和线下，线上的会员去线下实体店购物，不被承认会员资格，不仅如此，会员资格只在当地有效，跨区域购物不被承认。这是典型的会员没有打通。我们再试想一个场景，如果客户通过微信查询某家实体店是否有所需要的商品，这是商品打通。如果微信告诉他店铺没货，并且推荐他去其他店铺购买，这是库存打通。于是，客户通过导航到达店铺，使用微信支付后，店员确认客户支付状态，客户提货离店，这是支付打通。

流量打通	商品打通	支付打通	会员打通	库存打通
多端引流拉新 联合营销活动 品牌市场打通	商品数字化 库存物流打通 二维码布点	支付订单打通 优惠卡券核销 硬件软件设置	会员体系打通 会员权益打通 会员数据打通	库存数字化 上下库存一体 建立在线云仓

图 1-15　流量、商品、支付、会员、库存打通

实现商品和库存的共享，便不会漏掉一个客户。如图 1-16 所示，客户去 A 店购物，发现没货，于是 A 店通过系统查询，发送客户需求，系统自动匹配离客户最近且有货的 B 店，由 B 店配货给客户。于是，客户确认配送订单，并向 A 店支付货款。客户确认收货后，由 A 店和 B 店之间进行结算。这里，需要强调的是，A 店和 B 店的形态可能是实体店，也可能是网店。通过业务中台系统，打通店铺之间的商品、库存、订单和支付信息，便能够真正实现横向（区域之间）和纵向（线上线下、总部与分部之间）一体化的运营机制。

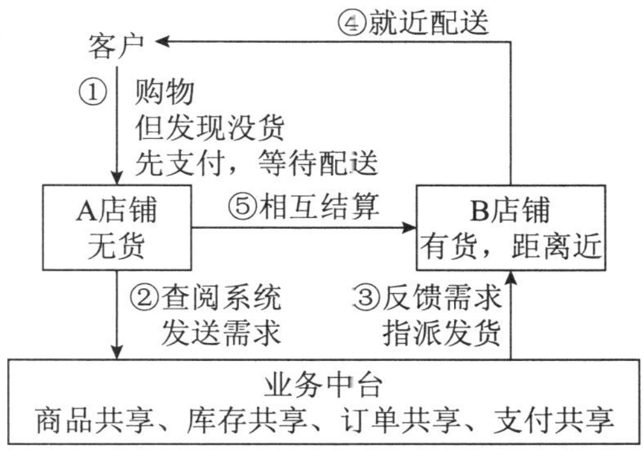

图 1-16　A/B 店协同运营

这世界上最遥远的距离，不是我在天的这一头，你在天的那一头，而是明明这个商品在你附近一公里内就能买到，但商家却要从 2000 公里外的外地给你发货，这是不是很遥远呢？明明可以从邻家店发货，半小时送达，但却需要花上两天时间从外地发货过来。这背后也是没有形成一体化的运营机制，店铺之间的商品没有得到共享。

现在，这个问题逐渐得到解决。2017 年“双十一”，天猫智慧门店实现两小时送达。天猫通过云计算平台整合了万家门店，你在天猫下单，系统会通过附近的门店为你配货。举个例子，2017 年“双十一”，天猫和良品铺子联合做活动，良品铺子全面加入天猫智慧门店系统，将线上和线下商品全面共享到系统中，用户拿起手机登录天猫购买良品铺子的商品，这个订单就会流转到智慧门店系统，系统根据客户的下单地址，由最近的门店配送，实现两小时送达。流通效率得到优化，消费者体验全面提升。

五、重构“人、货、场”

请问“琳琅满目”是褒义词还是贬义词？你可能认为“当然是褒义词啦！”我想说，这个词放在 10 年前还是有效的，但如今商品“琳琅满目”

不见得好。这个时代的消费者变得“没时间”“决策性困难”“懒得选”。打开京东，我会优先选择自营，哪怕贵上10元也不在乎，因为我“懒得选”。打开“网易严选”，哪怕每一个品类只有少数几种商品，我也愿意去购买，因为我“懒得选”。

一次去沃尔玛购物的经历，让我至今印象深刻。那个周末，为了陪同孩子在家DIY蛋糕，我需要采购制作蛋糕的用料和器具，因为是即时性消费，我需要立即采购，又因为蛋糕用料属于小众商品，我想到了“琳琅满目”的沃尔玛。于是，一大早，我带着孩子来到沃尔玛，一进大门就被自动扶梯送上了3楼，购物楼层就像迷宫，找不到出口。我想每个人都曾有过购物中迷失方向的经历，而对于我这样一个很少购物的人来说，更是如此。从3楼，逛到2楼，用了10分钟，在2楼，我来到电器区，我要的标准烤箱价格为299元，我习惯性地打开京东APP，199元购得类似款式的烤箱，对于这样标准化的商品，实体店果真沦为了电商的体验馆，这款烤箱早上下单，京东下午2点配送到家，完全没影响我们的DIY活动。买完烤箱，从2楼逛到1楼，尽管我向好几个人打听出口，但还是用了10分钟，来到1楼，找寻蛋糕材料我又用了20分钟。就这样，我带着小孩在沃尔玛可怜地搜寻着想要的商品。曾经被互联网伺候惯的自己，面对这么烦琐的搜寻，实感无奈，离店时我的心情有些低落。统计下来，我的整个购物耗费2小时，微信统计的步数超5000步，这还没算上往返路上所花的时间和精力，我也只能用“锻炼身体”来安慰自己。这样的购物经历，你是否也有同感呢？这就是“琳琅满目”的沃尔玛。

在新零售时代，从“人找货”转向了“货找人”。我在互联网上关注较多的是音乐和书籍。互联网的APP已经洞悉了我的偏好。音乐APP为我推送单曲，天猫为我推送耳机，京东为我推送图书。我的购物标签已被这些平台熟悉，实现了个性化推送。平台变得“比我更懂我”，比消费者更懂消费者，效果如图1-17所示。

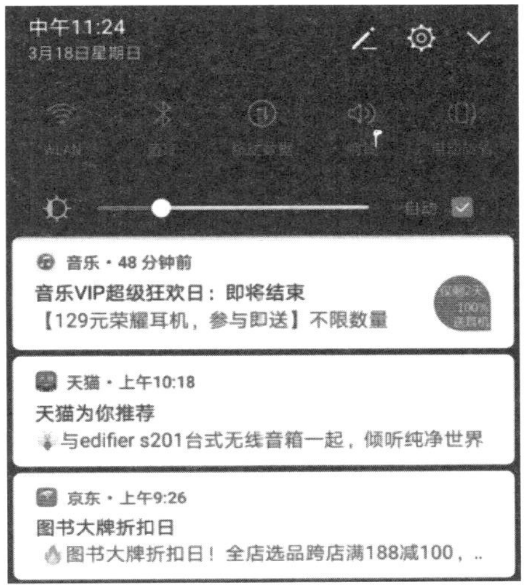

图 1-17　各个平台短信推送的内容

数字平台在消费者毫无察觉的情况下，默默收集行为数据，正在深刻地了解你、学习你，变得更懂你。这背后就是数字智能的力量。

“货找人”会通过各种“屏幕”向消费者投放，越来越多的店铺开始铺设“数字互动屏”，如图 1-18 所示。屏幕通过互动游戏吸引消费者停留，互动过程中，屏上的摄像头对消费者进行面部识别，数据连网来分析消费者画像，给出智能推荐，促进消费者购买。

图 1-18　商场互动屏

六、创造了全新的场景

近年来，仔细观察你身边逐渐多了很多的“新物种”，如无人货架、无人便利店、新物种超市、共享单车、共享汽车等。这些全新场景，都是新零售时代的产物。这些场景，按照消费距离划分，如表 1-3 所示：

表 1-3　消费距离对应场景

消费距离	0 米	100 米	0.3 ～ 1 千米	1 ～ 5 千米	5 千米以外
商业形态	电商	无人货架	无人便利店	新物种超市	智慧百货
拿货时间	0.5 ～ 2 天	2 ～ 5 分钟	5 ～ 10 分钟	10 ～ 30 分钟	1 小时以上
典型案例	京东 天猫	猩便利 美味生活	京东无人店 缤果盒子	7FRESH 盒马鲜生	大悦城 K11

智慧化、无人化、新物种，这都是新零售时代的关键词。你该如何拥抱新零售呢？在下一章节，我将正式向你讲解如何升级新零售。

第二章 新零售落地画布

“新零售落地画布”描绘了新零售的整体画像，你可以清晰地看到零售升级的7个模块。模块分布在营销运营、场景体验、技术平台三个层次。业界各类成功案例只是画布中各个模块的灵活组合。无论是大型企业还是中小企业，都可以借助画布找到自己的升级方向。

“新零售落地画布”分为 7 个模块和 29 个组件，如图 2-1 所示。

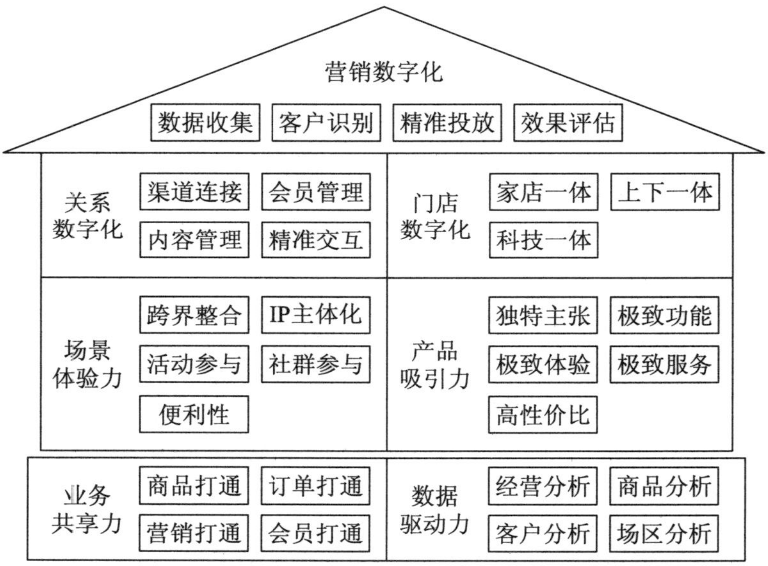

图 2-1 “新零售落地画布”模块分解

营销数字化：将营销流程进行数字化改造，以客户感知为基础，实现营销过程可跟踪、可量化、可优化，通俗讲就是要做到“见人说人话，见鬼说鬼话”，这个模块可以帮助企业的广告投放更加精准，投放成本变得更低。

关系数字化：将客户关系进行数字化改造，通过数字化手段量化客户关系等级，搭建差异化的互动体系来提升客户关系，最终将公司重点资源用在重点客户的维护上。这个模块，可以帮你改善“销售即结束”

的现状，转变为“销售只是关系起点”，真正实现客户全生命周期的管理和价值挖掘。

门店数字化：将店铺的“人、货、场”进行数字化改造，从用户场景出发。从到店购买，转变为到店到家一体化；从线上和线下的隔离，转变为线上线下一体化；从依靠人二导购和结算，转变为利用黑科技手段。这个模块将帮助你提升店铺运营效率。

场景体验力：这个模块为你提供了5种方式，帮助企业提升用户的场景体验感，包括将不同业态进行整合的跨界整合模式、将场景植入IP主题的模式、让用户参与活动的模式、粉丝参与社群互动的模式、为用户提供便利性的模式，5种方式从难到易，你可以根据自身情况，从中选择合适的来指挥行动。

产品吸引力：产品吸引力是新零售的核心关键，我认为是画布中最重要的一个模块。我一直主张“产品重于营销”的理念，产品才是用户购买的根本。这个模块，我为你提供了独特主张、极致功能、极致体验、极致服务、高性价比5种方式，帮你提升产品吸引力。

业务共享力：这个模块是实现线上线下、区域之间、总部与分部之间、产业生态之间协同运营的基础。将不同单元的共有信息进行共享，实现流量、商品、会员、订单、库存的互通。如果你是单一实体店，你可以实现线上线下互通；如果你是连锁企业，你可以实现区域互通；如果你是集团企业，你可以实现集团与子公司互通；如果你是生态化平台企业，你可以实现生态协作互通。

数据驱动力：企业未来的竞争将是数据资产的竞争，业务全面数据化才能够形成大数据体系，“数据＋算法”驱动经营分析，驱动商品能力，驱动客户的体验，驱动场区的运营效率。数据是企业新的生产资料，算法是新的生产力，利用新生产资料和新生产力才能全面地改造生产过程。本模块将简单为你介绍“数据＋算法”在零售“人、货、场”方面的应用，我们希望本模块能帮助你建立一定的数据认知，推进从资产驱动向用户驱动、数据驱动的转型升级。

“新零售落地画布”共 7 个模块、29 个组件，但并不需要你把每个模块都做得很好，根据你的能力现状，重点做其中 2 ～ 3 个模块即可。这方面，我会在第三章重点讲解。

第一节　营销数字化

一、军事思想：特种部队化，实现精准打击

特劳特在他的《商战》一书里说“商场如战场”。商场，没有人员伤亡，且有各种各样的规则束缚，但战场无情，没有过多的规则可谈，且会带来伤亡。可以说，很多商业打法源于战争理论，甚至某种程度落后于战争理论。

美国的西点军校为世人所知，是因为从这里走出了很多著名将领，如艾森豪威尔、巴顿、麦克阿瑟。然而，人们却并不知道，西点军校更是培养商界领袖的摇篮。据美国商业年鉴统计，第二次世界大战后，在世界 500 强企业中，西点军校培养出来的董事长有 1000 多名，副董事长有 2000 多名，总经理、董事一级的有 5000 多名。没有任何一个商学院能培养出这么多优秀的经营管理人才。可见，商场与战场有太多相通之处。

当下，美国拉姆斯菲尔德主导的新军事变革是“特种部队化”。现在几乎所有的国家都在增加特种部队，减少常规的海陆空军。过去的战争，主要用常规打法，成本主要用在军火、人员伤亡上，轰炸目标的成功系数低，70% 的成本浪费。回忆以前的常规打法，成堆的步兵往前推，结果死的死、伤的伤，火力成本全都浪费了，说白了就是不精准。大规模

作战，不精准、效率低。

现在，70% 的钱用来找目标，比如卫星定位，30% 是炸药成本。当前战争条件下，用于找目标的成本加大，直接打击敌人的费用少了。现在提倡的“特种部队化”靠 3 ～ 5 个人的小作战部队打仗。美国攻打阿富汗的时候，难以想象，解决塔利班的是 123 人的特种部队。他们 3 人一组，包括一名信息情报专家、一名火力炸弹专家、一名战斗专家。他们互相了解一点对方的领域，紧急救援、包扎等都经过训练。每一组分到 5000 万美元的预算。这 3 个人怎么作战呢？特种战士拿出笔记本电脑，输入人员的身高、体重、配备的军装、皮鞋、军帽、枪支……一封电子邮件发走，全球的供应链就开始调动。第二天下午，飞机把货物直投下来。装备好之后，前面是塔利班军队栖身的山谷。特种部队拿出红外线扫描（号称“死亡射线”）寻觅，锁定目标。假如有 400 人，系统会计算出相应匹配炸弹的数量。这些炸弹所需费用同时也明确地计算出来，战争经费清晰明了。“死亡射线”扫描、计算炸弹数量和计算预算经费，三者同步进行，完毕后发送邮件至平台。所以，现代战争成本是精确计算的，特种部队前端是全能的，主要靠强大的平台支持系统，保证有效使用战争资源。

“特种部队化”为什么能适应现在的战争打法？因为现在的敌人目标难以形成大规模聚集，不仅小股分散而且移动性强。那么，商业打法为什么要学习“特种部队化”呢？因为，你所处的商业环境不确定性越来越强，消费者也呈现小众化、个性化特点。你已经很难按照传统的管理学和营销学来制订计划，解决未来一两年的事情，计划赶不上变化，商业环境变化太快，这和军事环境是一样的。这时候，你需要的是快速打击，所以“特种部队化”可以满足这种不确定性灵活作战的要求。

这个案例给你什么启发呢？

案例引申出两个方面：一个是营销要精准，另一个是内部创客化。关于“内部创客化”我将在第五章讲解。

营销要精准，投广告和投炸弹的原理是一样的，要将 70% 的费用用来洞察消费者，30% 的费用用来投放广告，实现精准营销。所以说，商业理论和战争理论是一脉相承的。

以前投的广告：覆盖面广且粗放。不知道谁看了广告，不知道广告带来的产出，现在可以变得精准，定向人群投放，广告阅读被系统跟踪，知道谁看了，知道带来多少销售业绩；

以前投的广告：客户看着烦。现在投的广告客户喜欢看，因为系统提前知道他需要什么，喜欢什么，按需投放；

以前投广告：都是靠经验。现在依靠 IT 智能，根据用户画像，投其所好；

以前的广告是单点投，往一个渠道投，效率低。现在靠 IT 系统进行全渠道、多元化、碎片化的分布式投放，效率高、省费用、用户还喜欢。

这就是本模块提倡的营销数字化。

二、方法论：三步实现营销数字化

实现营销数字化，为你提供一个方法论，总共三个步骤，如图 2-2 所示。

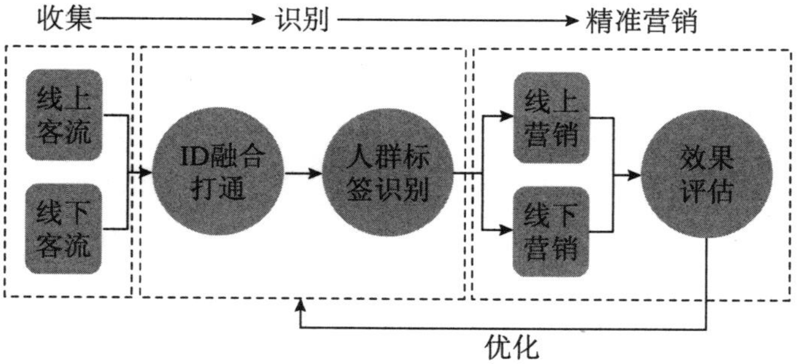

图 2-2　营销数字化方法步骤

（一）收集客户信息

汇聚线上客流和线下客流，收集消费者的基础信息，把所有的客户信息进行数据化处理。收集线上客户信息比较容易，网站自带的数据处理能力能跟踪收集用户所有的行为记录，如读取用户端的硬件地址、网站缓存、用户日志等基础信息，或者人为地通过政策鼓励用户完善注册信息。

这里，主要说说收集线下用户信息的主流手段，包括以下几点：

1. Wi-Fi 探针

探测精度达到米级，甚至可以精确到商业楼层的位置。消费者手机 Wi-Fi 在打开的状态下，一旦进入 Wi-Fi 场景区域，设备将会自动连接手机。随即，探针设备可探测到智能手机的 MAC 地址，将 MAC 地址发送到云端，用 MAC 地址匹配用户唯一的 ID，即识别用户。并将对应的探针设备 POI 信息（包括名称、类别、经纬度和商圈信息），为该 ID 客户标注场景标签，完成了用户信息的收集。

2. 人脸识别技术

该技术是基于人的脸部特征，对采集的人脸图像或者视频流，首先判断是否存在人脸，如果存在人脸，则进一步给出每张脸的位置、大小和各个主要面部器官的位置信息。并依据这些信息，进一步提取每个人脸部所包含的身份特征（性别、年龄、肤色等），将其与已知的人脸进行比对，从而识别每个人的身份。

3. iBeacon

iBeacon 是苹果公司开发的，基于当前最新的蓝牙低功耗 4.0 技术打造的微定位服务。可以用它来打造一个信号基站，当用户手机在蓝牙打开的状态下，进入 iBeacon 设备所在区域时，就会获得该基站的推送信息。典型应用是微信摇一摇，它为线下商户提供近距离连接用户的功能，用户走近商家，通过微信摇一摇，可参加商家策划的游戏活动，或者接收到个性化营销信息，等等。

4. 地磁定位

地磁定位技术通过识别环境中的地磁信号来进行精准定位，无须铺设信号源，不用依赖环境中的任何硬件条件，并且主流的苹果和安卓手机都开放了地磁传感器的开发接口，通过手机自带的感应器即可定位。然后与环境中的关键地理位置特征点进行匹配，即可获取用户在物理环境中的地理位置。典型应用场景是百货商超的室内导航，你打开手机应用，输入你想要的商品，系统会判断你所在位置，然后带你导航到指定商品处。

5. POS 机消费数据

客户在购买商品后，收银员会通过 POS 机扫描商品信息、计算商品金额、结算及打印小票。消费者的所有消费信息，都需要经过 POS 机进行处理，这类数据对丰富客户标签、形成客户画像至关重要。消费数据包括消费时间、商品明细、商品数量、消费金额等。

POS 机消费数据的使用关键是“人单合一”，以往商家只知道“买了什么”“买了多少”“花了多少钱”，但却不知道“谁在买”。现在，很多百货、商超和服务业逐渐认识到这点。它们开始鼓励用户使用微信小程序下单和支付，或者直接使用 APP 下单支付，再或者进入商家微信公众号的会员功能支付，“人”和“单”实现统一。

目前，还有一些商家拿不到消费数据，比如商场里的品牌商或超市的肉菜专柜，客户统一在收银处缴费，商场或超市因为保密关系，不给品牌商提供“人”“单”数据。当然，并不是所有商场都那么强势，若引入连锁业态的零售终端，比如屈臣氏，人家自有 POS 收银体系，反过来，这类商家不给商场“人”“单”数据，也是出于“保密”。

（二）识别客户

你可能发现，我们的客户在微信里用的是微信账号，在京东用的是京东账号，玩 QQ 用的 QQ 账号。不同账号之间，对应的是同一个人，这时候在不同账号之间建立一个统一的 ID，便能识别唯一的客户，这就是 ID 融合打通。把用户的 ID 打通，就可以为唯一 ID 的用户填充标签，建立客户的标签库。这里，我简单列举某购物网站的标签体系，如表 2-1 所示。

表 2-1　某购物网站标签分类表

人口属性	性别、年龄、婚姻状况、生日、小孩年龄、消费水平、职业、手机 / 设备（手机品牌、手机型号、平板 / 笔记本电脑）、购物时段
购物场景	搜索商品、浏览商品、关注商品、关注品牌、购物商品（品类、类别、频次）、购物价格、购物时间、加购商品
信用评分	信用历史、投资信息、履约能力、经济能力
兴趣 / 关注	品类偏好、品牌偏好（同品类细分、同品类下品牌排名、品类排名）、促销敏感度、兴趣偏好、APP 应用偏好、行为偏好
位置信息	常用收货地址、常用亲朋收货地址、家庭 / 工作地址、实时地址
浏览场景	浏览商品、浏览详情页面、参加活动、积分相关、客服咨询

（三）实现“精准营销”

建立用户标签体系，将可以帮你提供以下支持。

（1）营销推广支持：基于人群的购物偏好和渠道触达习惯，指定投放的人群（人群属性、人群分组或人群标签），设置投放的内容、投放的时间、投放的频次及投放的地点，达到千人千面的效果；

（2）活动方案支持：根据人群地域分布、性别、品类、品牌喜好，策划活动的位置、主题和内容；

（3）运营决策支持：基于人群的喜好以及购物趋势，决策入驻品牌、品类选择以及客户服务的差异化策略制订。

三、关键成功要素

如表 2-2 所示。

表 2-2　关键成功要素表

关键要素	要 素 描 述
数据收集	建立线上和线下的客户数据收集体系，针对实体店铺部署 Wi-Fi 探针、人脸识别等设施
客户识别	建立用户标签体系，并通过静态标签和动态标签，给客户描绘全方位画像
精准投放	能够自定义投放人群、时间、渠道、内容、频次，实施精准投放
效果评估	获取广告投放数据。对广告曝光、点击、最终购买等数据进行汇总，对广告效果进行评估

四、案例分析

案例　大悦城打造数字导流系统

大悦城项目于 2007 年 12 月 28 日开业，占地面积 16073 平方米，是一座由中粮集团精心打造的“国际化青年城，迅速成为时尚达人、流行先锋、潮流新贵休闲购物的首选之地”。这个项目凭借创新的品牌组合、优越的购物环境、体验式的消费理念，开业以来，销售业绩平均每年以 40% 以上的幅度高速增长，并在无打折促销活动的前提下，创下了单日最高人流量 22 万人次、单日最高销售额近 3000 万元的优异成绩。商场的营销数字化能力为消费者提供了良好的用户体验，为商家提供了便利的营销推广服务，成为业界学习的典范。

1.“商业导流系统”为消费者提供各类活动、商品搜索与导航功能

“商业导流系统”指引客户快速地找到客户想要的商品，并适时推送客户感兴趣的商品。不管是线上还是线下都以最短途径、最快时间优

化客户的购物体验。

a. 热点推荐

获取热点推荐，引导购买，如图 2-3 所示。

b. 商家查询

按商家搜索，快速指向所需商家，如图 2-4 所示。

c. 品牌查询

按品牌搜索，快速指向销售该品牌的最近且低价商家，如图 2-5 所示。

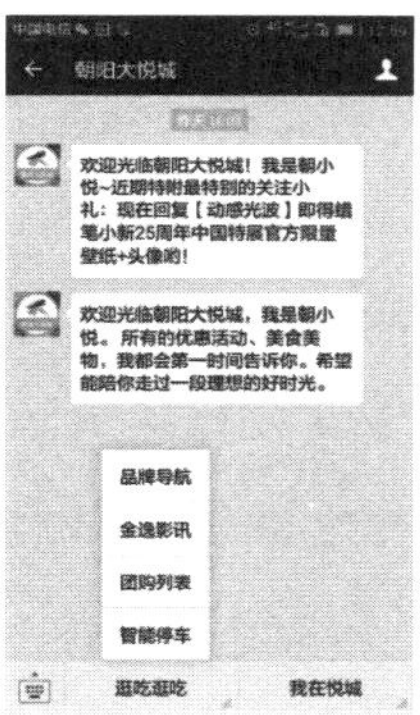

图 2-3　热点推荐

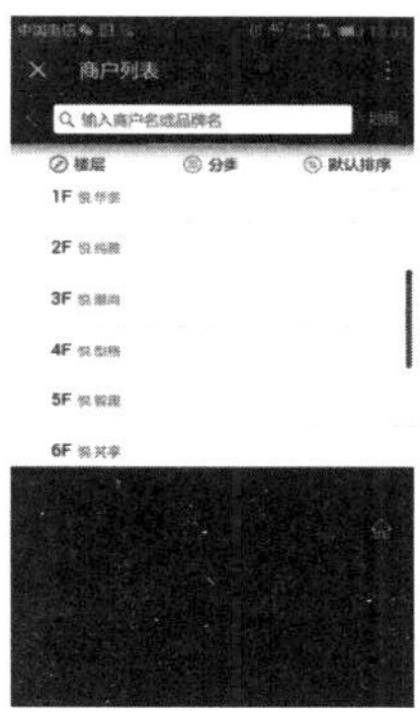

图 2-4　商家查询

图 2-5　品牌查询

d. 商家介绍

了解商家信息，获得信任感，如图 2-6 所示。

e. 位置导航

根据导航快速到达商家，如图 2-7 所示。

图 2-6　商家介绍

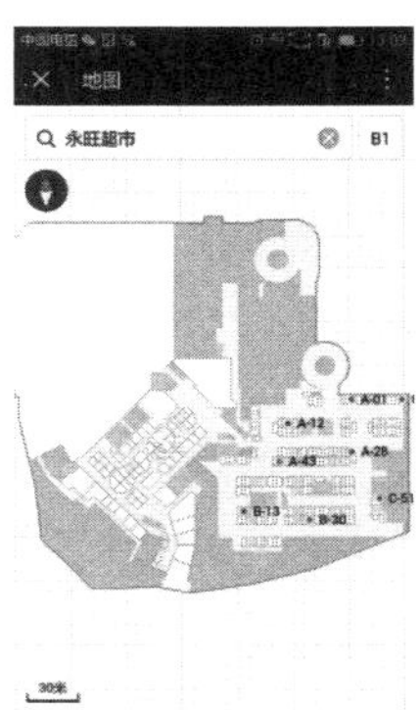

图 2-7　位置导航

2.“商业导流系统”帮助商场导流的同时，也为商家提供推广功能

“商业导流系统”能够实现客户进店场景的“进/近场营销”以及离店场景的“预置营销”。整个流程包括选定人群标签，自定义投放时间点、投放内容、投放强度和投放渠道，广告投递灵活且精准。值得一提的是，整个营销过程会根据投递模型进行评估，从而自适应调节投递策略。也就是说，营销是动态、智能的，能够自我优化。

a.进/近场营销，又叫“即时营销”。是客户走近互动设备或指定区域，使用Wi-Fi探针、人脸识别技术手段判断用户ID，进而获取用户标签数据，将系统预先设置好的内容向用户投放，进而实现“即时营销”。这种营销方式主要依靠自有渠道的自有标签数据，对存量客户较为适用。这种营销方式主要采集5个方面的用户数据：场景感知、行为偏好、身份特征、客户级别和交易情况，然后进行针对性的营销投放，如图2-8所示。

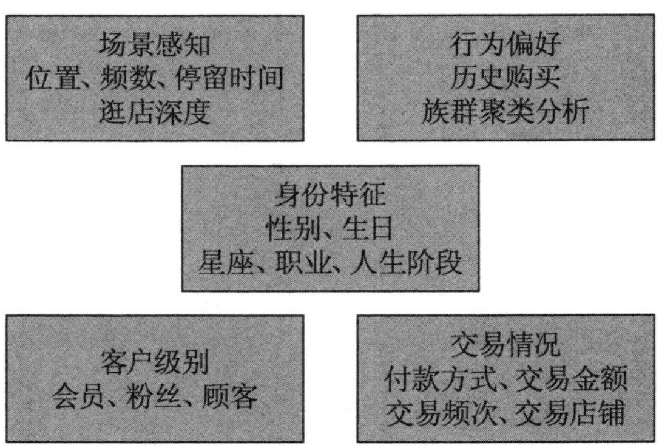

图2-8 用户数据采集维度

其中，场景感知获取客户的位置、步数，走的步数越多，代表他访问得越深，访问越深就越有可能转化；在某一个区域停留久，代表他对某一商品或品牌感兴趣；走了几层楼？走了多远？感知客户的行为就可以知道他的偏好。

其次，族群聚类分析，即“物以类聚，人以群分”，系统可以判断出来跟你相同类型的人，他们喜欢什么、爱好什么。通过类比方式，推断出你喜欢什么、爱好什么，这叫族群分析。

身份特征分析，收集客户性别、生日、星座、职业信息，星座可以跟人的性格有关系，不同职业的人，气质和爱好会有不同。人生的不同阶段都有显著特征，大学刚毕业、结婚、怀孕、满四十岁等，同一阶段有共性特征，不同阶段特征又有显著差异。

借助“商业导流系统”，营销投放的商品信息由商户通过“单品投递”功能向商场申请，商场审核商品，然后利用商场的推广渠道投放商品。

我根据个人经验和公开信息，简单绘制了商户投递流程，如图 2-9 所示。

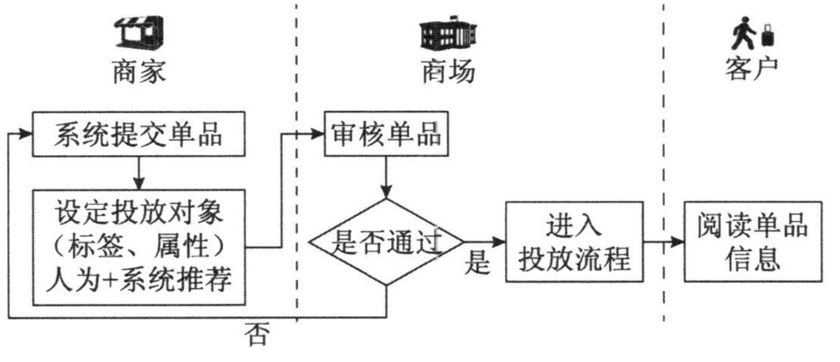

图 2-9 投递流程图

b. 预置营销，又叫“离店营销”。预先做好要投放的素材，设置指定的投放人群，按指定的时间和频次进行投放，引导人群到商场消费，适用于为商场导流。

投放的内容：以优惠券信息、活动信息为主，引导客户到商场消费；

投放的人群：属于增量客户或离场客户，这部分人群大多没有来过商场或不在商场，依据位置属性、人口属性、社会属性、行为属性、偏好属性来选择人群；

营销的渠道：主要借助外部渠道，包括今日头条、一点资讯等各大资讯网站、微信、微博、直播等。

预置营销的流程如图 2-10 所示。

图 2-10　预置营销流程图

首先，客户识别，感知是什么样的用户；然后，设置投放时间点，编辑好想要投放的内容；接着，设置投放强度，对不同客户设定不同的投放频次，考虑什么样的客户可以高频投放，什么样的客户要低频投放，投放太多会不会引起客户反感；最后，分析客户平时习惯性接触哪些渠道，客户偏好哪些渠道我们就投放哪些渠道，这是预置营销的关键流程。

c. 动态营销。建立动态的营销策略与投递模型。大悦城的营销不是一成不变的，大悦城的营销模式是实时动态模型，能够根据消费者对营销活动的互动反馈程度、敏感程度来实时调节营销策略直到最优。

以上，是大悦城围绕“营销数字化”做的 3 件事情，即进 / 近场营销、预置营销、动态营销。你会有怎样的启发呢？

第二节　关系数字化

2016 年，有一个自称是“集美貌与才华于一身的女子”火遍网络，她的粉丝戏称她是“集贫穷与平胸”为一身的女子，她的粉丝量在短短 1 年时间便上升到 1000 万。她就是 papi 酱，如图 2-11 所示。2015 年年初，papi 酱跟大学同学开始以名为“TCgirls 爱吐槽”的微博账号发布短视频，此时她完全抛开美女包袱，以浮夸表演博得网友的点赞。就在 1 年后的 2016 年，她获得来自罗辑思维、真格基金、光源资本和星图资本等联合投资的1200万元，此时她的个人估值已经过亿，粉丝量如图2-12所示。

图 2-11　papi 酱某短视频截图

	时间	粉丝
微博	2016年1月26日	2015233
微信	2016年1月26日	5075281

	时间	粉丝
微博	2016年3月20日	7693112
微信	2016年3月20日	10121267

图 2-12　papi 酱微博粉丝数截图

她的微博和微信的粉丝数量，在风投过后呈现倍数增长，其中，微信粉丝数从原先的 500 万，增长到 1000 万。我们不禁要问，为什么她能成功，而我们众多自媒体人却不行。又过了 1 个月，策划已久的 papi 酱贴片广告拍卖会正式曝光，充满噱头的大会将 papi 酱和罗胖（罗振宇）的名字推上热搜榜单，首先是 8000 元的门票，其次是天价竞拍价，多少呢？ 2200万元，如图2-13所示。标的最终被上海的“丽人丽妆”夺得。“丽人丽妆”主要从事国外诸多护肤美妆品牌的电商代运营。正常人肯定会想，那这个标的一定非同寻常。并不是，标的物是 papi 酱视频主节目后的一个广告位，仅限发送一次，且只有一条，还包括罗辑思维公众号的 60 秒语音投放2次，公众号第一条和第二条位置投放各1次。难道商家疯了吗？当时，“网红 + 电商”的模式还未成型，能否变现还是一个问号，2200万元打了水漂怎么办？

其实，商家看到的是papi酱的用户规模以及papi酱在用户中的影响力。

就在同一年也就是 2016 年的“双十一”，“丽人丽妆”联合 papi 酱做预热直播，直播过程中 papi 酱介绍自己生活中使用的各种商品，当然如果你喜欢，可以点击直接进入“丽人丽妆”代运营的品牌店铺去购买。

“双十一”当天，交易量达300万单，一举拿下了彩妆、洗护发、药妆、男士护肤、天猫国际洗护等多个类目的第一名。比如美宝莲位列天猫彩妆类目第一位，施华蔻位列洗护发第一位，雅漾位列药妆第一名，妮维雅位列男士护肤第一名。

图 2-13 papi 酱广告资源拍卖会现场图

这个案例中，在互联网思潮下，我想告诉你两个重要的会员观点。

一、会员管理两大新思维

（一）免费的用户同样有价值，papi 酱依靠上千万免费粉丝，形成过亿估值

不是客户给了钱才能成为会员，免费的客户同样能成为会员，俗话说：来了都是客。进到店里，你就是客人。这背后依靠互联网的三大思维：免费思维、用户思维和入口思维，这三大思维是构成新型客户关系的基础。你回忆下，平时你管使用微信的人叫什么？是的，叫作微信用户。你再回忆下，平时管使用 QQ 的人叫什么？是的，叫作 QQ 用户。不经意间，

你已经在使用用户思维。

那么，为什么你不叫客户呢？用户和客户的区别在哪？最大区别是付费和没付费。用户不一定购买过商品或服务，而客户一定是购买过商品或服务的。我们为什么要做免费的用户服务呢？比如微信为什么要用免费模式吸引大量的用户呢？背后是“入口”思维模式。比起短期挣钱，微信要的是用户规模，要的是用户的基础数据，有了用户基础，形成规模入口，便可以嫁接生态链，产生各种变现的可能。

传统企业已经在利用这个新的客户关系了，将免费的商品或服务作为诱饵吸引大量的用户，与之建立连接关系。比如借助诱饵，让客户加你的微信，关注你的公众号、头条号、直播平台，这便是客户与你建立了简单的“连接”关系。此时，用户并没有付费，但你们已经建立了关系，只是关系程度比较“浅”而已。

同样的，杀毒软件免费、浏览器免费，“羊毛出在了猪身上”，都是由广告商来埋单，让软件提供商来埋单。还有百度搜索、谷歌搜索引擎使用起来都是免费的，让第三方甚至第四方来埋单。这种免费模式可以大量且快速地沉淀用户，进而从大规模的用户里筛选出付费的客户，带来收入。同时，有了大量的用户基数，还可以与广告、金融、物流产生异业联盟合作，带来其他业务收入。联盟商家为什么感兴趣，是因为有用户量；用户为什么感兴趣，是因为免费，有人为他们埋单。

因此，新型的会员关系，不再是付费后才是会员，不再是付费后才开始产生关系。客户和你建立连接的那一刻起，关系便已开始。

（二）“个人影响力”是除了“购买力”之外的又一个衡量客户价值的因素

社会化媒体时代，papi酱凭借个人影响力，快速发展粉丝，并在粉丝群里形成重要的口碑信任，大规模的粉丝量和粉丝的信任，构成了销售变现的基础。因此，你在挖掘客户关系的过程中，不要只盯着“是否有购买力”这样的单一维度。一个有大规模粉丝量，并且得到粉丝信任的客户，同样也是高价值客户，我们称其为“有影响力的客户”，或者是“KOL”（关键意见领袖）。这就是说，购买力和影响力共同衡量客户价值。

那么，如何衡量这个客户的影响力有多大呢？

我们先来做一道题：

2 个人之间，可以建立___1___个连接；

3 个人之间，可以建立___3___个连接；

4 个人之间，可以建立___6___个连接；

5 个人之间，可以建立___10___个连接；

6 个人之间，可以建立___15___个连接；

12 个人之间，可以建立___?___个连接。

答案是 66，12 个人之间可以建立 66 条连接。你会发现，连接数并没有按某个固定倍数增长，而是呈现几何增长态势。由于连接产生价值，连接数越多，你的价值也就越大。换言之，这个人拥有的粉丝量越大，则这个人的价值也就越大。那么，这个人的价值和他拥有的粉丝数量呈现什么关系呢？

衡量网络价值的关键定律，叫作“梅特卡夫定律”。这个定律是一种网络技术发展规律，由 3Com 公司的创始人、计算机网络先驱罗伯特·梅特卡夫提出。这个定律告诉我们“网络的价值等于网络节点数的平方，网络的价值与联网的用户数的平方成正比。”

你可能还不太好理解，我们再来举一个例子：

有这样一个故事，说的是阿基米德与国王下棋，国王输了，国王问阿基米德要什么奖赏？阿基米德对国王说：“我只要在棋盘上第一格放一粒米，第二格放两粒，第三格放四粒，第四格放十六粒……按这个比例放满整个棋盘就行。”国王听了以后，不以为然，认为这个奖赏太容易实现。填充到第二排结束时，国王知道自己犯下了一个极大的错误。他欠阿基米德的米粒数已经有32768粒，而且还空着48个格子呢！国王终止了这个游戏，召集来全国最聪明、最有智慧的数学家，让他们来帮助计算自己欠阿基米德多少粒米。数学家们仔细计算，几番周折后，得到了一个不可思议的结论：一粒米在64格的棋盘上每格倍增，最后是1800亿兆粒米，总数相当于全世界米粒总数的10倍。

现在你知道影响力价值和粉丝数量之间的关系了吧。papi酱的千万粉丝，过亿估值也遵循这个原理。

自媒体时代、网红时代，很多个人也正在利用这个定律创业。当前，“1000粉丝定律”告诉我们，只要你拥有1000个铁杆粉丝，基本上吃穿不愁。粉丝会购买你所推荐的商品或服务。

看到图2-14了吗？这是一块砖头吗？没错，它是一块砖头。但你知道它值多少钱吗？它值1000美元，为什么值1000美元呢？因为它有一个品牌标记Supreme。这是一个服装潮牌，拥有诸多国内外粉丝，这家公司一出新衣服就开始有人排队。品牌策划人觉得应该给粉丝一些仪式感，搞什么仪式感呢？想个招，那就做块砖头吧，拿着这块砖头就表明是“忠粉”，为了表现粉丝的专属权，这块砖头更是限量发售，结果这块砖头从原价30美元，在国外电商网站上被炒到1000美元。

图2-14　Supreme砖头

从以上案例，结合“梅特卡夫定律”和“1000粉丝定律”，只想告诉你，衡量客户的价值，不要仅仅从“购买力”这个因素入手，客户的“影响力”也同样重要。你需要在你的客群中发掘有影响力的人，或说是KOL，这将对你的事业有很大推动。

那么，从哪些方面可以界定客户关系呢？

二、方法论：客户关系界定的三个维度——行为周期、购买力、影响力

我总结了当下各个商家的做法，主要从行为周期、购买力和影响力，3个方面来界定客户关系。

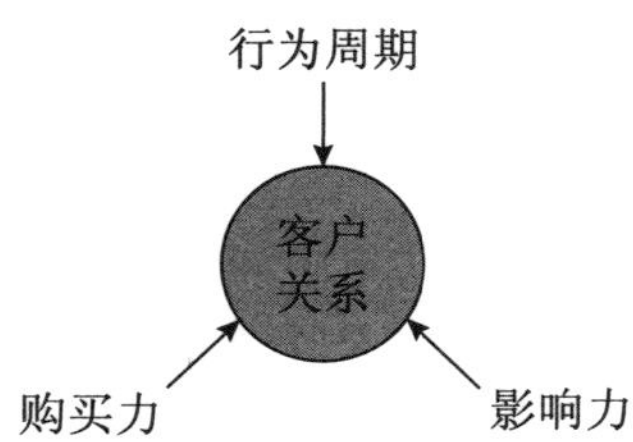

图2-15　界定客户关系的3个维度

（一）根据客户行为周期定义客户关系

我们还是借助“papi酱”这个案例，对整个过程进行梳理。

首先，用户通过接收网站广告、媒体传播、朋友推荐等方式知道了papi酱，于是关注papi酱的微信、微博。这个过程我们叫作“热点刺激关注”；

其次，用户浏览papi酱视频，产生兴趣，互动过程中被视频内容吸引，并认同内容背后的价值观体系。这个过程我们叫作“互动带来信任”；

再次，用户有了信任基础，接受papi酱的价值观，进而接受papi酱

所推荐的一系列商品，产生购买行为。这个过程我们叫作“推荐促进购买”；

最后，用户转发自己的内容体验和购物体验，带动更多人参与，papi 酱的视频被更多人知道。这个过程我们叫作“分享引发裂变”。

整个流程，如图 2-16 所示。

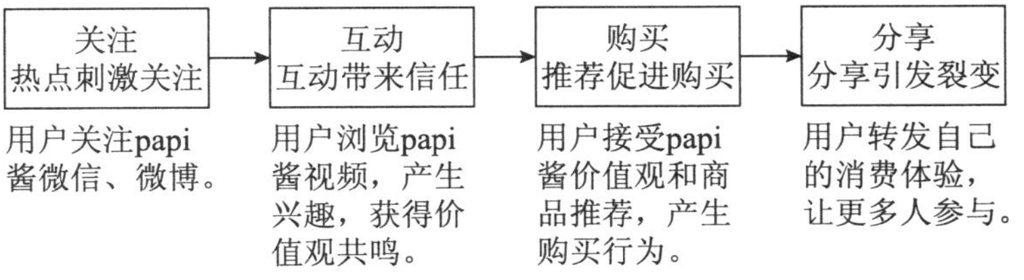

图 2-16　客户行为流程图

在这个过程中，客户关系得到层层递进，我们将以上动作用一张关系图来界定，如图 2-17 所示。

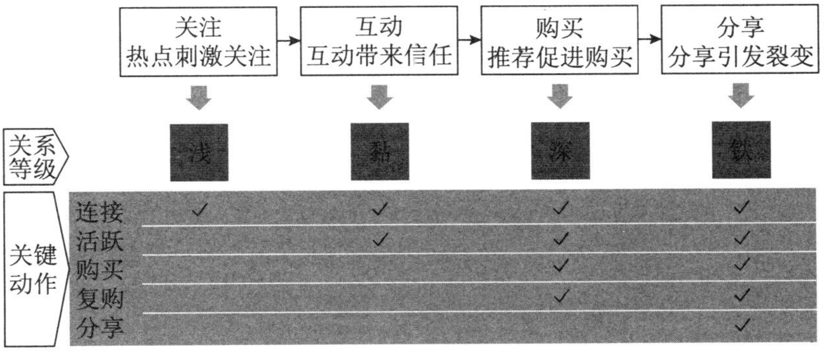

图 2-17　客户行为新型关系图

1. “浅关系”阶段

这个阶段，以广泛地建立“连接”为手段，争取更多用户的关注为目标。该阶段商家的主要动作是“推广”，比如加粉、吸粉、短视频推广、微信推广、论坛推广、博客推广等手段，都是为了吸引大量的用户，建立用户连接。在社会化媒体时代，二维码是我们建立用户连接的关键工具，用户只需轻轻一扫，便能和商家建立连接，方便商家开展与用户的互动服务。当前二维码技术的应用，让连接变得更加简单，比如：包装上放二维码，提示客户扫码关注公众号；广告上放二维码，提示用户扫码参与活动。在宣传品牌的同时，广泛连接客户，沉淀意向客户。

这个阶段的客户关系称为“浅关系”，因为用户和你刚刚建立关系，刚刚知道你，信任基础尚不具备，还不具备推销商品的条件。如果这个阶段直接向消费者推销，则会被用户反感。典型的是微商，狂刷朋友圈，每天向你问好，但又没有实质性的内容，基本以商品推销、鸡汤文、炫富文为主，长此以往，令人生厌，最后落得被拉黑或删除的下场。

2. “黏关系”阶段

这个阶段以用户“互动”为手段，促进用户的活跃为目标。互动分为两大类型：

类型 1：商家主动与客户互动。商家定期向用户推送内容，定期举办活动，组织线上线下的学习沙龙等。内容表现形式非常丰富，如文章、视频、音频。互动的阵地多样化，如微信群、微信个人号、公众号、头条号、直播间、微博、论坛。该类型较为常见，但难度在于内容的持续产出。目前，绝大多数商家反馈公众号营销没效果，发出的文章没人看。背后就是文章难策划，内容没有吸引力导致。

类型 2：自发式互动。用户为了获得积分而完成商家预设的动作，如图 2-18 所示，比如：发布一篇体验文章，获得积分；给予好评，获得积分；每日签到，获得积分。这种类型，解决了内容难制作的问题，让用户制作内容（UGC）。同时，在用户积极参与的过程中，根据用户的参与记录，我们也能发现有影响力的用户，从而挖掘 KOL（关键意见领袖），作为我们重点维护的对象。

图 2-18　某 APP 积分任务中心截图

如图 2-18 所示，基于微信的第三方 IT 工具已经支持积分任务的设置与发布，鼓励用户自组织互动。这个阶段通过互动，促进商家与用户互相认识，商家与用户的关系变得具有“黏性”。为用户购买打下了基础。

3.“深关系”阶段

这个阶段以活动促销为手段，实现客户购买为目标。凡是有购买行为的客户，我们认为他具备“深关系”。我们可以借助节日、事件策划营销活动，针对上一个阶段沉淀的客户群体，定向群发活动内容，促进那些活跃但尚未消费的客户产生购买行为，或者借助活动的吸引力，激活沉睡客户。

目前，基于微信的第三方 IT 工具已经支持活动模板的调用，如 H5 活动模板、微网站模板、微表单模板等多种形式，帮助我们策划并且生成活动内容，如图 2-19 所示。

图 2-19 活动页面示例

如果你的策划能力不足，或者没有专业的策划人员，你可以去相关的活动平台上选择你需要的活动模板，编辑字段并生成你自己的活动信息。第三方活动公司已经将各类活动模板化，如助力型活动、节日类型活动、行业类活动，简单方便易操作。如果你有较强的策划团队，也可以自行策划活动，找第三方公司开发活动模块，这样更加灵活。通过以上方式，将活动内容在粉丝中定向推送，带来好的购买转化。

4.“铁关系”阶段

我们衡量客户和商家够不够“铁”，关键标志是客户是否“为你说话，帮你传播”。简单说，就是是否分享转发，带动更多的朋友过来参与或购买。“分享购物”是微信时代的典型特征，区别于天猫平台的“搜索购物”。因此，我们将分享能力作为衡量客户关系深浅的重要指标，也是符合时代特点的。此阶段，商家需要考虑如何鼓励用户分享。比如分享有礼，只要客户分享转发达到指定次数，就可以享受优惠好礼。我们将发动身边好友帮商家转发、带动更多人购买的客户，定义为“铁关系”客户。

以上，我们将客户关注、互动、购买、分享这 4 个周期行为，分别归类为浅关系、黏关系、深关系和铁关系。关系依次提升，客户的重要性也依次加强，重要客户需要得到我们的重点服务。可以说，你日常的运营工作，本质就是客户关系的运营，最终实现 20% 的客户带来 80% 的商业收入。

（二）根据客户购买力定义客户关系

你可能会说，方法一太复杂，这个客户重要不重要，看消费了多少钱就可以。是的，你说的这种方式是当前的主流方式，较常见。这种方式以消费购买为标志，从购买金额的多与少、购买频次的高与低以及距离最近一次购买时间的长与短三个维度来判断用户价值，这种方法的关键模型是“RFM”模型。

知道了用户价值，商家才能知道如何“对付”用户。

1. R（recency，最近一次购买）：这个指标代表客户可能再次复购的可能性。数据表明，刚刚购买过的客户再次购买的可能性高，而很久没来的客户再次购买的可能性低；

2. F（frequency，购买频率）：这个指标衡量在一段时间里用户购买的次数。次数越多，代表客户越忠诚，客户价值也就越大；

3. M（monetary，消费额度）：这个指标代表客户的消费能力，表示客户在一段时间里，总共花了多少钱。消费金额越大，客户价值越大。

根据上面三个指标，我们当然希望客户在这段时间里购买的金额足够大（M 数值大），购买的频次足够高（F 数值大），并且刚刚来消费过一次（R 数值大）。这是理想情况，实际情况要比这个复杂。本书不宜过多展开，对 RFM 感兴趣的可以去我的网站阅读专题文章。

（三）根据影响力模型定义客户关系

请先回答下面问题，你遇到两个客户：

A 客户在你这儿购买了 1 万元商品，但他的粉丝数为 0；

B 客户没有在你这儿购买商品，他有 100 万粉丝。

如果 A、B 客户同时加你为好友，你会认为哪个客户对你更重要？

这个问题里，多了一层判断用户价值的方法，即影响力。影响力大的客户，同样具有重要价值。衡量客户的影响力，我们引入“社交属性”模型。以前，客户喜欢哪个品牌？为哪个品牌点赞？他的评价如何？他在哪些人面前为你说好话？这些都无从跟踪，难以量化记录，但当前，随着微信、微博类平台对第三方系统数据的开放，人与品牌、人与商家之间的互动数据变得可以追踪和测量，他对品牌是喜欢还是讨厌、他为品牌带来多少正面口碑都变得容易测量。“社交属性”模型如图 2-20 所示。

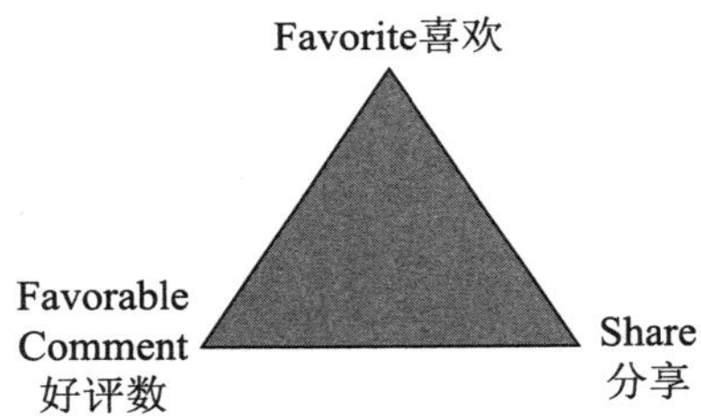

图 2-20　“社交属性”模型图

第一个指标：喜欢（F），他不买但是只要他喜欢，我们也认为他是一个好客户。客户喜欢一个品牌或商品，有哪些标志性的行为呢？如点赞、签到、参与活动，这就是喜欢，现在不买没关系，迟早会消费。

第二个指标：好评数（F），给我们的评价都是正面的。客户给我们的都是正能量、正评价，帮助我们建立正面的网络舆情，这也是好客户。

第三个指标：分享（S），分享给好友阅读，推荐好友购买，推荐好友参加活动，都叫分享。

高价值的客户自然是表示喜欢的、好评数多的、分享数多的，这样的客户值得重点维护。

你可能会问，这些点赞、分享，我该如何统计呢？难道要手工统计吗？当然不用，基于微信开发的第三方 IT 系统（如 SCRM）不仅能满足营销功能，还有用户行为跟踪统计功能，能够满足上述的所有需求。

三、成功要素

如表 2-3 所示。

表 2-3　关键成功要素表

关 键 要 素	要 素 描 述
渠道连接	对接微信、APP、商城等流量渠道，进行统一管理
会员管理	对会员等级、积分、权益、标签体系进行统一管理
内容管理	系统支持微信、H5、邮件、短信等全渠道内容制作与整合管理
投放管理	结合会员标签与交互反馈，指定自动化内容推送流程，进行定时、定向精准推送

首先是渠道连接。你只要跟广义的会员建立了连接关系，便是关系的开始。这个时候我们要广泛地和客户做好连接。借助直播平台、微信、微博、豆瓣、知乎等各种碎片化渠道进行推广，让人们关注你。

其次是会员的管理。我们要把不同价值的客户，通过会员等级策划、积分策划、权益策划以及标签体系搭建，做好会员分层管理。

再次是内容互动的管理。针对不同会员等级，我们要做好精准化、个性化的内容营销、活动营销，我们将其统称为“内容管理”。通过“内容管理”，实现客户价值等级提升。于是我们要做微信、H5 页面、邮件、短信全渠道的内容制作和管理，拉动用户的活跃度和提升用户价值。

最后是投放的管理。结合会员的交互反馈以及会员标签，把内容定时、定向、精准地推送给会员，客户关系逐级提升。

四、案例分析

案例1 某美容护肤品销售商家的会员营销

2016年，我们曾服务过一个美容护肤品销售商家。该商家在天猫的排名从2013年的品类第三跌落到2016年的前十开外。我们通过数据分析，发现老客户流失是导致排名下降的主要原因。为什么会流失？排除产品因素，我们发现：该商家缺少一个统一的会员管理体系，且该商家的会员数据非常分散。

营销部门掌握着活动推广的客户数据，实体门店掌握着客户咨询、销售和服务数据，电商部门作为独立的部门，未与传统部门打通，也掌握一部分客户数据。另外，客服部门掌握客户投诉、咨询数据。这些数据全部都像孤岛一样地分散在各个部门。

试想一下，如果你每年在该商家的天猫店铺里消费额度过万，该商家的电商部门一直把你当作VIP客户对待。有一天，你有一次不太成功的网购，希望退货。于是第二天，你为了方便，直接去该商家的实体店，向店员提出退货要求。却发现店员因为无法查询到你的网上订单，要求你在哪个渠道购买，就在哪个渠道退货。你会是怎样的心情？同时，在整个过程中，店员无法查询到你在天猫的会员资格，因而你不能享受会员待遇。这又会是怎样的心情？

你理当作为重要客户享受差异化服务，却因为会员数据没有打通而在不同渠道享受不同服务，客户体验自然变得很差。

因此，如果部门间的客户数据存在割裂，商家便没办法做好客户关系管理。于是，针对本次项目，我们明确了目标，要把老客户统一管理起来，提升体验，促进活跃度。我们的方案分四步走：

第 1 步，建立专属的 SCRM 平台，广泛连接各个渠道，将各渠道的客户数据统一汇总与管理，打破数据孤岛；

第 2 步，我们把微信公众号作为主阵地，与客户互动，一方面做品牌宣传，同时收集客户数据。这一步，可以理解为做了一只“装粉丝的碗”，各渠道接触的粉丝，我们把他们放到同一个地方，统一管理。

第 3 步，我们提取“碗”里的用户数据，如会员购买及社交行为互动数据，进行建模分析处理。

第 4 步，提出差异化的服务方案，对不同等级会员实施不同等级的服务策略。

最终，我们的目标是找到会员中的粉丝，争取 20% 的粉丝贡献 80% 的价值，将 20% 忠诚客户留下来。

项目的关键是利用了“购买力”模型和“影响力”模型，用单位编号把客户分类。

1. “购买力”模型，如表 2-4 所示：

表 2-4　购买力模型划分标准

R（最后购物时间）	F（累计购入次数）	M（累计购入金额）
R6：1 个月以内	F6：20 次以上	M6：5000 元以上
R5：2 个月以内	F5：15 ～ 20 次	M5：3000 ～ 5000 元
R4：3 个月以内	F4：10 ～ 15 次	M4：2000 ～ 3000 元
R3：4 个月以内	F3：8 ～ 10 次	M3：1000 ～ 2000 元
R2：6 个月以内	F2：5 ～ 8 次	M2：500 ～ 1000 元
R1：1 年以内	F1：1 ～ 5 次	M1：500 元以下

2. “影响力”模型（好评数 F 使用 C 编号，避免与点赞 F 编号重复），如表 2-5 所示：

表 2-5 "影响力"模型划分标准

F （点赞次数）	F （好评数）	S （分享转发数）
F6：30 次以上	C6：20 次以上	S6：35 次以上
F5：20 ~ 30 次	C5：15 ~ 20 次	S5：25 ~ 35 次
F4：10 ~ 20 次	C4：10 ~ 15 次	S4：20 ~ 25 次
F3：8 ~ 10 次	C3：8 ~ 10 次	S3：15 ~ 20 次
F2：5 ~ 8 次	C2：5 ~ 8 次	S2：10 ~ 15 次
F1：1 ~ 5 次	C1：1 ~ 5 次	S1：10 次以下

完成模型编号后，我们开始定义不同编号对应的客户等级，我们从重要到一般，将客户关系划分为 A、B、C、D 四个等级，四个等级分别对应"铁、深、黏、浅"四层关系。假如遇到以下两个会员：

会员 1，根据数据统计，她的编号属性为：R6、F5、M5、F5、C5、S4，我们为其分配为 A 类会员。

会员 2，根据数据统计，她的编号属性为：R3、F2、M2、F2、C3、S2，我们为其分配为 C 类会员。

并且，我们为每个会员分配不同的会员权益。权益主要体现为积分倍数，如表 2-6 所示。

表 2-6 等级对应积分权益

客户等级	对应关系	积分权益
A	铁	4 倍积分
B	深	3 倍积分
C	黏	2 倍积分
D	浅	1 倍积分

客户可以使用积分兑换商品，或者直接抵现。除此之外，针对不同等级的会员，我们还策划了不同的服务内容。比如：A 类会员可以享受私人定制美肤之旅、线下定期主题聚会活动、优先办理特权，等等；B 类、C 类和 D 类会员对应不同的服务。通过差异化服务，高价值客户获得高价值的服务，留住了高价值会员。最后，20% 的会员实现了 80% 的销售额。

案例2 某知名购物中心的会员营销

1. 利用广义的会员管理，重新定义三类会员关系。

a. 到访即会员，这与我们前面提到的“连接即会员”含义一致。客户一旦到访，便会获得一个“无门槛电子会员卡”。请你注意：到访渠道，并不局限于实体门店，微信、在线商城、直播平台、微博都可定义为渠道。借助这些渠道，客户通过扫描二维码或直接关注，均可建立客户连接，然后系统自动为客户分配电子会员卡，该电子会员卡也作为日后客户身份的唯一识别。

b. 支付即会员，你是否有过微信支付后，自动关注公众号的经历呢？这样做有两层含义：其一，商家通过支付手段与你建立连接，便于日后的服务营销；其二，在实体店里，通过手机支付，打通线上和线下，客户上线后，便于掌握用户数据。这里的会员关系，以购物为标志，客户关系较“到访即会员”更深一层，这个时候系统会为客户分配一个“半门槛电子会员卡”，享受的权益级别会高于“无门槛电子会员卡”。

c. 实体卡会员，面向的是忠诚客户、高价值客户。这类会员，会为其颁发实体卡。

2. 建立会员跨界权益体系

购物中心建立全渠道CRM解决方案，将“感知系统”“一键Wi-Fi”“移动支付”“支付宝联名”“微信粉丝”等多渠道客户向会员转化，一次完成收集、筛选、转化、触达、黏性等关键工作。同时，建立跨界平台之间的“口碑联名”，客户可以同时享受不同平台的权益。

试想一下，假如你在一家餐馆获得的消费积分，可以去影院免费兑换一张电影票，是什么感觉？又或者可以去游乐场兑换一张门票？你可能在想象，未来积分也许能在诸多联盟商家之间，形成一种“通用货币”，进行权益交换，如图 2-21 所示。

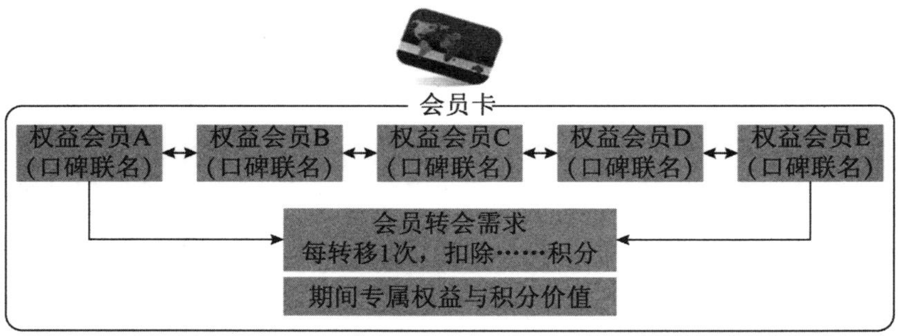

图 2-21　会员联名机制

该购物中心在 CRM 解决方案中，建立了异业平台之间的权益交换和积分交换机制，打造了“口碑联名”体系，实现跨界权益的共享。比如将美团、滴滴、携程的会员权益打通，只要去该购物中心购物，也可以同时享受到美团、滴滴、携程的优惠。

那么，某个平台的 5 个积分可以兑换滴滴的几个积分呢？可以兑换携程的几个积分呢？所以这张会员卡，对应的不只是购物中心的会员资格，背后还有整套会员联盟体系，享受生态中各个联盟单元的服务。甚至还可以实现会员转会，但是转会需要扣除一定积分。

第三节　门店数字化

一、你正在变得“没时间”

在你紧绷神经阅读本书时候，请暂时放松一下，听一首歌曲《没时间》。这首歌是都市人忙碌步伐背后的真实写照，歌曲呼吁都市人不要用“没时间”来搪塞自己，鼓励人们热爱生活，享受生活。歌曲真实地描绘了我们当前的生活状态，就像此刻的你。好的，放松一下吧。

歌词写出了当前年轻人没时间的各种场景，没时间吃早餐，没时间谈恋爱，没时间去锻炼，没时间逛商店。简单歌词里，写出了企业们争相洞察的客户需求，聪明的企业家们已经开发了各种应对方案来解决客户“没时间”的痛点。好的，现在邀请你简单回答，下面的客户场景中，都有哪些方案来应对呢？

我没时间 没时间 吃一顿早餐
我没时间 没时间 去锻炼锻炼
我没时间 没时间 逛一逛商店
我没时间 没时间 谈一谈恋爱
我没时间 没时间 常回家看看
我没时间 没时间 我有一点烦
我只剩下 空空的口袋

没时间，这是一种客户状态，这首歌对应的商业方案正被风投热捧，不夸张地说，这首歌对应的商业方案估值加起来能过千亿元人民币。我们来看看，这首歌是如何做到的。

没时间吃一顿早餐怎么解决？我们会用“美团外卖”或“饿了么”叫外卖早餐，还有种选择叫作“无人货架”，货架放置在熟人场景中，解决 100 米范围内的购物问题，生生地“打劫”了便利店的流量。早上，人们到达公司，来到无人货架边，只需消费 5 ～ 8 元，就能享受面包加牛奶的美味早餐。

没时间锻炼，怎么解决？我们会选择“共享单车”，骑车锻炼，解决“最后一公里”出行问题，既环保，还能锻炼身体。你可能觉得这个有点牵强，那么，2017 年出现的“共享健身房”可就真是为没时间锻炼而生的。以往的锻炼，我们要带上装备，非常正式地去健身房锻炼，一场下来怎么也要 2 个小时。对于加班族来说，有些奢侈。而现在“共享健身房”开设在社区里或者 CBD（Central Business District，核心商务区）中，你只需要步行 200 米，就能开始锻炼。怎么做呢？把一个集装箱进行改造，健身房里面全是无人的、自助的，运动器械被数字化改造，加载传感器并且连接云端，你做的所有动作可以被感知和测量，今天跑了多少步、举了多少次哑铃、流了多少汗、减了多少体脂，健身房全部都可以告诉你。数据上传到云端，你可以与身边人对比成绩，远程的教练也会根据你的健身数据为你定制健身方案。这一切，都在一个集装箱里完成，并且无人化。通过这种方式，运动场景的商业模式由重变轻，正好迎合了消费者没时间的问题，当然无人健身房推出不久，未来能否成功，还有待观察。

没时间逛商店，如何解决呢？是的，网购。没时间谈恋爱呢？百合网、陌陌、探探。没时间常回家看看，可以用视频聊天。微信红包的推出，让我们的父母学会了使用微信，外出打工和长期出差的年轻人们都开始使用视频与父母聊天。我相信，文字、语音和视频让我们和家人的沟通更加顺利，未来还会有更多地让人身临其境的沟通方式出现，如 VR，希望这样的技术早日成熟。没时间，有一点烦，可以上网看电影、玩抖音、刷唱吧，自娱自乐。

最后，只剩下空空的口袋怎么办？是的，消费金融，如“京东白条”或“支付宝花呗”。

以上，我们的商业都是因用户改变而改变，门店的数字化，也是为了迎合用户没时间。

延伸阅读　科技让我们更轻松还是更忙碌？

以下，我的观点可能存在偏颇，仅供你参考。

请问科技让人的生活变得更轻松，还是更忙碌呢？

你的回答，可能是“变得更加轻松了”，但我想说，我们正在被科技绑架，科技让我们越发忙碌。不知不觉中，我已经成为了手机、计算机的重度用户。

请问你一天会看多少次微信呢？

试想一下，如果你某一天上班忘记带手机，你会怎样？

你是否为被这些科技工具绑架感到一丝恐惧呢？工具的绑架，让我们形成了一种“自我强迫症”，这都是“科技大佬们培养用户使用习惯”带来的结果。审视一下自己，我们每天有多少次毫无用处地打开微信呢？每天又有多少时间浪费在阅读无用的信息上呢？有一天早晨，我决定不带手机出门，看“天是否会塌下来”，一天中，我的心情忐忑不安，担心有重要的人找我。说实话，没手机的这一天，确实很难熬。晚上回到家，第一时间便打开手机，查阅微信和未接电话，“哦，这都是些不太重要的事情”，我非常惊讶，天没塌，地球照样转动。当然这是玩笑，但也是真实的。

我经常看到，同一个办公室的同事，遇到工作上的事情明明可以面对面沟通，非要拿起微信一个字一个字地“敲”。这种沟通效率不得不打问号，而这位同事可能自己也毫无意识，因为这已经成为习惯。直接面对面的沟通或者一通电话便能解决的事情，为什么要用文字呢？其实，这个现象早在QQ时代就已产生，同期，还有“无关电子邮件”问题产生，浪费大量时间阅读无意义的“电子邮件”。这些，你是否都经历过呢？

所以，我说科技的进步让人变得越发忙碌。这里，我想推荐你阅读《人类简史》和《未来简史》。书中对农业革命和科技革命提出了质疑，观点虽有偏颇，但也不无道理。这里简单介绍一下书中观点：

农业革命是人类发展的一次重大跃迁，人类驯化了小麦、鸡、鸭、猪等动植物，日子过得乐逍遥。回忆之前采猎的日子，那时真是苦不堪言：冒着风险在树林里打猎，要忍受被动物伤害的危险，还有蚊虫叮咬，打到猎物，部落成员可以享受一个星期的美味；没打到猎物，大家只能挨饿，饥一顿饱一顿。因为食物有限，人们需要四处迁徙，人口始终没法壮大。过渡到农业社会，看上去日子好过了很多，不用冒着风险去打猎，有了固定的家，不用四处迁徙，耕种的粮食可以自给自足。这一切，看似乐逍遥，但事实并非如此，人类真的驯化小麦了吗？相反，是小麦驯化了人类。

因为日子逍遥了，人口大量增长，从部落变成了城镇，使得疾病开始传播，导致瘟疫爆发；

土地成为了城市发展的基础，变得稀缺，于是城市之间开始抢夺土地，导致战争；

有土地的人雇佣没土地的人，有土地的人坐享其成，没土地的人终日劳作，导致阶级矛盾；

看天吃饭，一次水灾或者旱灾，就可以毁掉农民一年的劳作，导致饥荒；

种植的食物种类有限，人们营养不均衡，导致疾病。

以上问题，战争、阶级、饥荒、疾病，使得人类数量急剧下降，老百姓的日子还是想象中的“乐逍遥”吗？不仅如此，由于小麦“无法”与其他植物和谐共处，“刀耕火种”导致生态被破坏；人类是直立动物，却要终日弯腰劳作，更是违背自然规律。

当人们看清这点的时候，想想还是采猎时代好。打到的猎物，大家一起分，没有纷争。打不到猎物，还可以采摘果子。人类本是杂食动物，遇到什么吃什么，这样的方式更有利身体健康，人们与自然和谐相处。

采猎社会更像是共产社会，自觉劳动，平分食物，可是已经回不去了。人们已经丢失了打猎和采摘的本领，另外，既得利益者们哪里舍得放下眼前利益呢？

到了今天，身处科技革命时代。科技到底是让人快乐还是痛苦呢？我想仁者见仁，智者见智。例如，人工智能是21世纪以来人类最伟大的发明之一。它带给了人类诸多便利，但是霍金却十分担忧它的隐患。2017年3月，霍金在接受《泰晤士报》采访时就曾说，人类需要控制人工智能，以防止它们在未来可能对人类生存带来毁灭性的威胁。

又如，当前大力发展的电动汽车普遍使用锂动力电池，它的电解液中有镍、钴、锰等重金属以及氟有机物。如果报废回收处置不当，极有可能对环境造成污染。除此之外，报废之后，它仍有300～1000伏不等的高压，在回收、拆解、处理的过程中，如果操作不当，可能会有起火爆炸、重金属污染、有机物废气排放等多种问题。据国际能源署测算，到2030年，如果各国能实现《巴黎气候协定》中设定的目标，全球电动车数量将达到1.4亿台。而加拿大电池回收初创公司Li-Cycle首席执行官阿杰伊·科克哈尔（Ajay Kochhar）认为，电动汽车井喷式的发展可能会在这13年间产生1100万吨需要回收的废旧电池。这将会给环境带来巨大压力。

人类发展是好是坏，还是让时间来检验吧。

二、数字门店的演变和科技应用

客户没时间，越来越忙怎么办呢？门店的经营模式也开始随着客户行为而变化，主要有四大变化。

（一）从集中到分散

门店是客户互动与交易的场所，传统意义上的门店是实体店或者网店。客户的成交都集中在这两类形态的门店中。而现在，随着消费者行为的碎片化以及二维码和移动支付技术的产生，涌现出各种分散的店铺形态。

（1）海报+店铺：海报在宣传商品的同时，嵌入二维码，客户感兴趣，扫描二维码直接购买；

（2）电子屏 + 店铺：电子屏放在公共区域或实体店铺中，投放商品宣传，客户扫描二维码直接购买；

（3）书刊 + 店铺：小说类图书中描述生活场景的相关物品，或者学习类图书中植入的某商品成功案例，读者若感兴趣，可扫描二维码直接购买；

（4）直播 + 店铺：电视直播、网络直播，客户扫描屏幕下方的二维码或者直接点击“购买”按钮，边看边买；

（5）视频 + 店铺：利用短视频做营销，客户边看边买；

（6）游戏 + 店铺：客户使用游戏积分去商城购物；

（7）软文 + 店铺：客户阅读网络文章，如微信公众号文章，扫描文章底部二维码或点击购买链接直接购买；

（8）社交 + 店铺：客户接收到朋友在社交平台上（如微信群、朋友圈、微博、论坛等）的商品推荐或体验分享，点击链接购买；

（9）小程序 + 店铺：微信小程序凭借“无须安装，即用即走”的特点，获得广泛认同，借助小程序开发购物商城成为热点；

（10）VR+ 店铺：客户通过 VR 设备可以全方位浏览实体商家，清楚地看到商家每个角落的每件商品，查看商品价格，并随时进行在线交易，又叫作“VR 全景购物”。

因此，门店这个概念已经变得抽象化，再也不是你所理解的摸得到、看得到的门店了。

客户在哪，门店就在哪。你需要清楚判断哪些渠道具备流量红利？将其作为门店所在地。比如 2013 年门店从 PC 端店铺向移动端店铺过渡，是一波红利。本书写作的当下则是直播电商、短视频电商、社交电商具备红利特征，值得你去关注。

（二）从到店变成到家

你是否遇到过这样的情况：在大城市里，工作忙碌一天，吃饭问题难解决？吃快餐，无营养，还有地沟油的风险；去菜市场，既没时间又没心情，并且晚市的菜也不够新鲜。此时的你是否希望，在手机上就能预订到新鲜的菜品呢？菜品能够提前送货到家，并且已经洗好、切好，回家直接炒？

还有这样的情况：在周末，你躺在沙发上尽情地煲着美剧，享受属于自己的休闲时间。此时的你，是否希望从吃饭、购物到休闲都在家中完成呢？是的，这就是现在大多数年轻人的生活场景。我们判断，未来到家服务的市场将进一步扩大，外卖、按摩、洗车、家居清洁，围绕客户生活的各类商品服务，逐渐会从店面消费转向家中消费。

（三）从找货到提货

在“琳琅满目”的商品中去找货，对于没时间的客户来说是件奢侈的事情。试想，下班回家路上，你拿出手机定位离家较近的商店，下单选择想要的商品，到家前，你顺路来到这家商店，商店已提前将你要的商品打包好，你出示提货码拿走就行，这样是否让你更省心？因此，“就近提货”成为需求。再试想一下，你在商场购物时，沉重的商品需要随身而行，在你专心购物时，还要担心购物车是否阻挡别人的通行；到了支付环节，每个收银台前都排着长长队伍，你看着前面的客户拿出一件件商品过机扫描，你是否感觉不耐烦呢？

因此，从推车找货到直接提货成为需求。

（四）从人工到科技

现如今，数字科技已经帮助门店“人、货、场”三个要素进行重构，全面打造智能供应链、智能选品、智能库存、智能物流、智能识客、智能营销、智能布局。以往依靠人工经验，不准确，效率低。这里，我们介绍几个黑科技零售工具。

1. 跟随小车

	购物过程中，跟随小车会跟在客户后面，小车可放置物品，减少客户自主推拉小车； 购物完毕后，小车自动到收银台清点商品，并将账单推送给客户； 客户在手机端确认账单，并在线付款。结束后，小车自行返回充电

2. 人脸支付

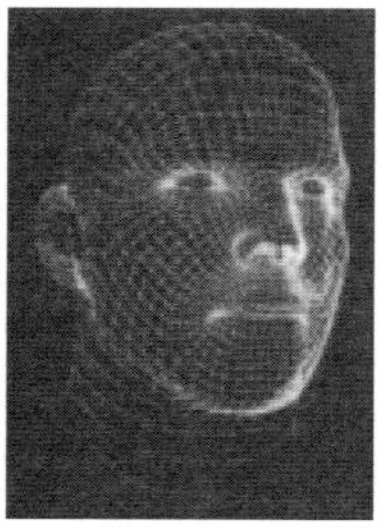	客户刷脸进店，设备抓取客户脸部特征，识别客户身份，支付模式分两种： 方式 1：客户手机扫码选购商品，并确认最终选择商品，刷脸出店。系统对客户捆绑的电子钱包扣款； 方式 2：如果商品自带 RFID（Radio Frequency Identification, 射频识别技术）芯片，则客户可以直接选购商品，无须扫码确认，直接出店。出店前，传感设备收集 RFID 芯片上产品信息，汇总价格，自动对客户捆绑的电子钱包扣款

3. 理货摄像头

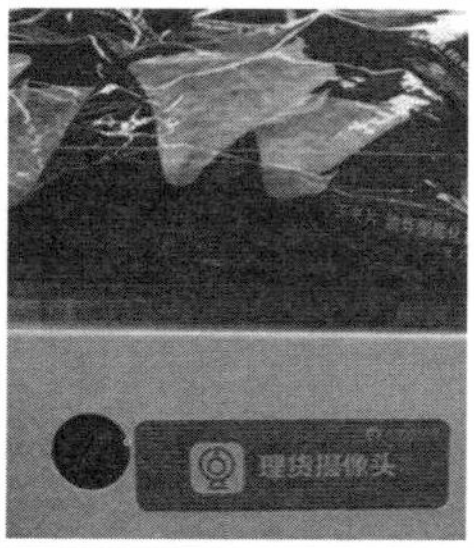	实时监控货架的牌面，让商家从后台时时刻刻能看到商品的动销情况和商品管理情况。此外，也能减少理货员拍照上传等重复机械性劳作

4. 智能价签

	采用电子纸屏幕，实现变价自动管理，尤其在实时促销阶段，快速更新价格。另外，客户可以扫描价签获得商品详细信息或者扫描价签二维码获得优惠券，实现个性化营销。整个过程，无纸化操作，降低人工成本，节约耗材，绿色环保

5. 智能称重结算台

该结算台下方共有 4 个摄像头，能够通过图像识别获取商品信息，同时结合智能感应装置确认商品数量及价格

6. 客流摄像头

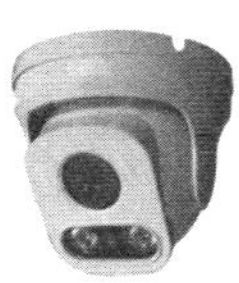

通过摄像头抓取客流信息，根据客户人数、年龄段、性别等量化数据来研究客流规律，最大限度地挖掘卖场的销售潜力，增加销售机会。同时，对于人流密度较大的区域采取相应的措施，进行有效的走向引导和安全预警，完善商家的组织运营工作

7. 智能广告牌

当客户走近广告牌，广告牌通过面部识别，能够判断客户年龄、性别，匹配客户信息，投放客户可能感兴趣的商品，实现精准营销

8. 室内 AR 导航

利用 AR（增强现实）技术，为客户提供虚拟的商品导购和路径指引。客户拿出手机，选择想要的商品，手机拍摄现实场景。手机屏幕的画面中，将出现一条虚拟的导航箭头，箭头随着你行走而变化，直至引导客户至商品所在处

9. 悬挂链

	悬挂链解决场内物流。这是实现仓店一体的必要环节，前台的现场工作人员根据客户线上订单，现场拣货，放入到升降系统，升降系统将货物投送至悬挂链，传送物品至后台，后台物流人员接单送货至客户处

三、方法论：门店数字化方案

（一）商超：无须排队，快速提货

具体流程如图 2-22 所示。

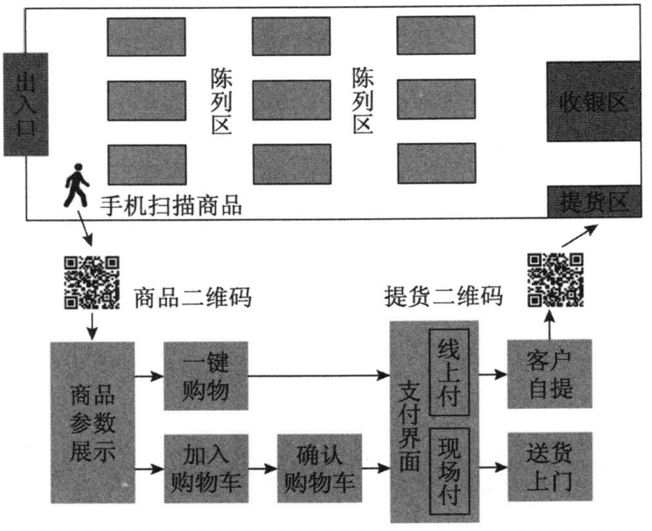

图 2-22　数字化门店购买流程示意图

在数字化门店里，每个商品都配有独立的二维码或条形码，即一物一码。客户看中了某个商品，通过手机扫码，手机便会返回商品详情。如果客户感兴趣，可以一键购买，也可以加入手机上的购物车继续挑选，挑选完成之后跳转到支付界面，支付完成之后，可以选择送货上门或者客户自提。

如果选择自提，系统就会弹出一个“提货码”，在客户前往提货区的时间里，店里的场内物流系统，将商品合流，并通过悬挂链，传送最终商品至“提货区”，客户凭借提货码到提货区提货，完成整个购物流程。

这个模式里，店就是仓，仓就是店。场内物流系统既实现了客户自提取货，也方便了场外配送人员快速分拣取货，送货到家。

（二）社区店：公众号 + 快速提货

具体流程如图 2-23 所示。

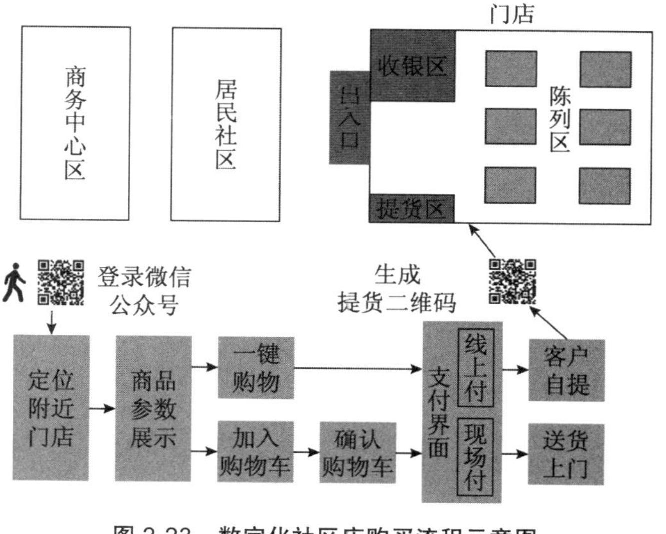

图 2-23　数字化社区店购买流程示意图

这种方案比较适合社区便利店或者商业中心的便利店。同样，在店里增设提货区。客户通过微信公众号定位附近的门店（现在微信小程序也提供搜寻附近商家的功能），访问门店，获得门店的商品信息，点击商品了解商品详情，客户如果感兴趣，可以一键购买，也可以加入购物车继续挑选，结算支付后，可以选择送货上门或者到店自提。

如果选择自提，系统就会弹出一个“提货码”，客户前往店里自提。在客户前往商店的时间里，店员已经将商品分拣好放置在提货区，等待客户领取。

（三）线上线下一体购物

具体流程如图 2-24 所示。

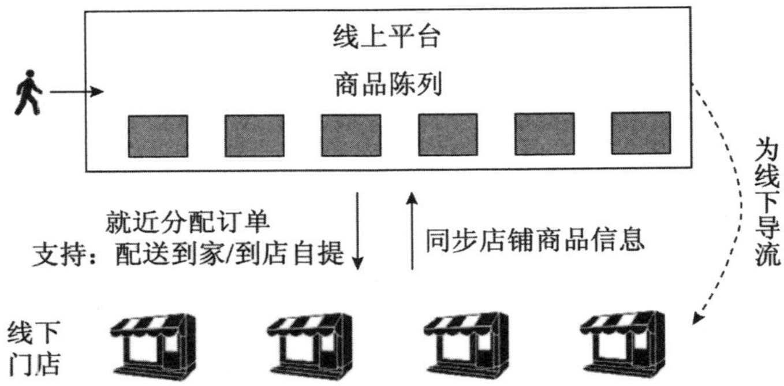

图 2-24　线上线下购买流程示意图

线下门店可选择加入智慧门店平台（如京东新通路），开启线上为线下导流模式。加入智慧门店系统后，线下门店的商品将会同步到线上平台。客户通过线上平台购物，平台会根据客户需求信息，根据商品符合程度与位置就近原则，派单到对应门店，安排门店为客户送货上门或者客户到门店自提。

这种方式，门店将获得来自线上的订单流量，同时，客户从购买到取货的时间大幅缩短，体验提升。同样，假如客户第一时间不是去线上购物，而是来到门店，门店没有客户需要的商品，店家可以引导客户去线上平台购物，平台上有更加丰富的商品供客户选择，这样就不会“浪费”每一个客户流量。所以，线上平台为线下门店提供客流，也补充了商品供应链，客户效率得到提升。

实现线上与线下一体化，需要打通线上线下的流量、商品、库存、支付，甚至会员体系。关于如何实现的问题，我将在本书第三章详细介绍。

四、成功要素：家店一体、上下一体、科技一体

表 2-7 关键成功要素表

关键要素	要 素 描 述
家店一体	支持店铺现场购、到店自提、配送到家
上下一体	实现线上订单线下自提； 实现线下订单线上发货
科技一体	利用科技工具实现店铺的数字化转型，如跟随小车、人脸支付、客流识别、智能广告、智能价签等技术，提升运营效率； 另外，利用数字工具，实现多渠道运营，如社交分享购、直播互动购、店中店触屏购、样品小程序购、VR 全景购等

五、案例分析

案例 1 1919 酒类直供，利用电子价签实现门店数字化

1919 是国内最大的酒类 O2O 平台。线下已覆盖全国所有的省级行政区，在 300 多个城市拥有 700 多家直营管理的线下体验店，到 2016 年年底，线下门店数量达到 1500 家。2016 年 5 月 16 日，1919 酒类直供启动门店全面部署智能价签计划，同时启动大数据战略落地计划。借助电子价签，1919 线下门店实现了商品价格电子化管理、线上线下打通，价格同步、陈列管理、O2O 门店拣货以及统一库存管理，最终提升了门店的运营效率。另外，通过电子价签上的二维码，1919 门店里的每瓶酒都能够实现溯源、收银、物流跟踪、保质期管控。

2017年10月，“双十一”之前，在新零售大背景下，1919与天猫达成合作，全面打通线上线下，消费者用淘宝、天猫等APP，可通过定位推荐附近的1919门店及热销商品。客户使用APP在1919线下门店进行消费，电子价签上的二维码可直链1919的天猫官方旗舰店，可一次性完成会员身份认证和支付交易。门店系统确认客户身份信息和支付结果，客户完成购物过程。

案例2 良品铺子加入天猫智慧门店，实现线上订单2小时送达

传统企业参加一年一度的“双十一”，在感受到销量暴增的愉悦感时，却往往对活动报名的订货量难以预估，“货订少了，会卖断货”，而“货订多了，卖不出去”，形成大量的库存积压，这个问题时常让商家头疼。另外，客户在“双十一”当天订购的物品，需要3～10天收到货品，体验不好。于是，如何解决订货量，如何让消费者快速收货，成为需要考虑的问题。

2017年10月，良品铺子全国2300家门店接入了天猫智慧门店系统。线上与线下2000多家门店已经完全打通，实现了客户、支付、商品、库存全面打通，线上订单再多，都可以从门店就近调配，不用担心订货太少或太多的问题了。客户线上下单，系统会向离客户近的门店派单，库存由线上转向线下，库存问题得到解决。

另一方面，因为就近配货，消费体验得到提升。对于消费者而言，以往需要2～3天才能送到的零食，现在线上下单，最快2小时就能送达。

前面我们讲了“营销数字化”“会员数字化”和“门店数字化”，我把这个称为新零售升级的“外功”，大家通过学习、投入一定资金购买IT化设备就能实现，但真正能留住客户的，不是营销做得好、关系维

护得好或者门店有多少黑科技，“场景体验力”和“产品吸引力”才是关键，我把它称之为转型升级的“内力”。

第四节　场景体验力

如果你只是简单地理解新零售就是“用数字化来装裱整套运营体系”，那么，这绝不能构成你未来的核心竞争力，你需要考虑的是线下场景的构建，围绕场景的用户体验设计以及线上、线下粉丝社群的参与。用户用得开心才是关键。因此，你需要知道如何设计用户场景体验。

一、商业场景演进的三个阶段

商业场景发展经历了三个阶段，当下处于 IP 化阶段。

（一）卖货阶段

它是一个购物消费场所，以“货”为中心。回忆一下 90 年代，传统商业如商场、百货都以卖场的形态出现，你联想一下当时的情景，可以用商品繁多、琳琅满目来形容。我们时常会说“逛商场”，“逛”的背后强调的是浏览商场的各类商品，此时，吸引你注意的是商品本身，很多新奇的商品你未见过，为此，你可能会在商场里花上半天甚至一天。这个阶段的商业形态，强调的是商品的聚合，产品丰富齐全。

（二）休闲阶段

它是一个休闲场所，以“场”为中心。2000 年之后，全国开始涌现带有餐饮、卡拉 OK、影院、游戏厅的百货商业形态，于是商业开始从商品购物场景向休闲汇聚的场景改变，此时的你不会说“逛商场”，而是约上几个朋友去唱歌或者吃饭，你是带着空余时间，为了和亲友聚会而来，购买商品变成其次。这一阶段的商业形态，通过打造多元的休闲娱乐场景来消费客户的空余时间，比如你身边的万达百货，餐饮和娱乐区域往往人最多，这就是最好的证明。

（三）IP 化阶段

它是一个有故事有主题的地方，以“用户”为中心。2013 年以后，随着消费者物质生活变得丰富，购买渠道变得多元化，原本以休闲娱乐为特色的实体商业也逐渐被网络泛娱乐化的内容冲击。此时，消费者逐渐开始追求“价值观共鸣”的感受。他们带着自己的个性诉求来到实体商业中，寻找与自己有同样价值观的人和事物。于是，这类商业形态逐渐开始汇聚一批有相同爱好、理念、文化背景的人。或者说，这类商业形态演变成了粉丝互动的价值观平台。通过运营人、事物，与消费者产生价值观共鸣，进而带动商品的销售。

二、IP 型商业的典型特征

在当下体验式商业浪潮中，我们总会谈及“IP”“场景化”等热词，未来不管是购物中心，还是品牌，都要往“IP 化”方向发展。在 IP 化阶段里，品牌主力业态下降，特色业态、主题体验类和餐饮类迅速增长。

上海作为中国的发展前沿城市，其商业形态具有代表性。2015 年，上海开业的购物中心达到 36 个。同一年，112 家购物中心有 40 家着手改造调整，占比达 35.7%。新一轮的业态调整，从大而全、小而美，到逐步个性化，争相贴上主题化、IP 化、科技化的标签，具体有引入档次更高的品牌，植入设计师品牌和集合点，进行外立面改造和车库智能化，引入剧院、美术馆等文艺特色业态，引入 O2O，Wi-Fi 全覆盖，3D 试衣镜等。

在购物中心业态调整大潮中，主力店的业态占比大幅下降，餐饮及体验类业态的占比显著提升。RET 睿意德数据显示，2014 年上海购物中心的主力店比例已经从 2005 年的 50% 降至 2014 年的 26%，餐饮业态占比从 2005 年的 18% 上升至 2014 年的 29%，文化艺术业态和特色业态也从无到有，到 2014 年，已经分别占据上海购物中心 4% 和 3% 的份额。

CIC 数据显示，2013—2018 年，购物中心的设计师品牌的市场份额迅速扩张，复合增长率保持每年 26.2% 的速度增长，远高于奢侈品牌和快时尚品牌；优质的设计师品牌就是超级 IP，其粉丝忠诚度极高，对品牌风格、审美、价值观极度认同，形成长尾效应，为品牌贡献更多销售收益。比如广州太古汇，最近 3 年的品牌调整中，多次引入设计师品牌，打造差异化。国际设计师品牌包括罗杰维维亚、KENZO、sandro 等（如图 2-25 所示）；中国设计师品牌有朱崇恽（ZHUCHONGYUN）、PURE.TEA（茶愫）等（如图 2-26 所示）。

图 2-25　sandro 法国设计师品牌

图 2-26　朱崇恽设计师品牌

除了传统购物、餐饮休闲外，引入特色业态成为购物中心的新动向，比如极地海洋、滑雪、潜水、电子竞技、鬼屋等，这类跨越区域、季节、行业的特色类项目极大地吸引了客流。地处广州天河中心地段的正佳广场，在购物中心持续经营低迷的背景下，于 2015 年在商场内建起了海洋馆、博物馆、剧院，海洋馆面积 5 万平方米，科技馆面积 3000 多平方米，艺术馆4000多平方米，海洋馆运营1年多时间，累计入馆100万人次，日均客流5000人，节假日客流达到15000人，如图2-27所示。海洋馆2018年有望实现3亿元的目标，引入特色的业态让正佳广场获得成功。又如2016年，华南区首个普乐思奇滑雪培训俱乐部进驻深圳天虹君尚，拥有3个可一次容纳3～4人滑雪的训练厅，并提供一对一专业滑雪指导，如图2-28所示。

图2-27　海洋特色

图2-28　滑雪特色

打造新零售的场景体验力，就是构建故事情感的能力，是销售文化认同感的能力。设计师品牌、特色业态、各类IP品牌，其背后都是营造故事和情感。尤其是“90后”和“00后”一代，更加追求商品本身的个性化和标签化，有趣的消费体验和情感共鸣逐渐成为主流需求。“价格”不再是消费的第一考虑。

那么，我们该如何构建场景体验力，来满足消费者的有趣体验和情感共鸣呢？

三、方法论：五类模式构建场景体验力

（一）跨界模式

在任何行业都可以通过跨界来讲诉某个故事，通过故事来传达情感。例如，我在前面讲述的“盒马鲜生”的案例里，超市的定位从商品买卖

转向了消费者的生活场景，它强调的是“让吃变得快乐，让做饭变成一种娱乐”，于是在传统意义的生鲜超市中跨界导入了超市、餐饮、粉丝互动、线下商品体验、商品物流，集五大功能于一体，彻底颠覆了传统生鲜卖场的定位。在消费升级的背景下，这五大功能集中表达了消费者对体验、社交、快乐的高阶需求。通过跨界，一改传统超市冷冰冰的体验形象。

如果你还不太能理解“功能跨界只为完成对消费情感的诉说”，那么，请问服装和音乐之间有交集吗？他们之间的跨界能够诉说情感吗？答案是“当然可以”。首先，我们来看音乐。互联网数据显示，听音乐已经超过玩游戏、运动及旅行等项目，成为新兴中产阶层与年轻一代最为热衷的生活方式，是他们个性与生活美学的表达。服饰又何尝不是如此。我们日常的穿衣搭配，同样是在展示自己的风格、个性、美学观及对生活的感知。

优衣库“LifeWear 服适人生”品牌的内涵，通过舒适、百搭、时尚与个性的服装搭配，让服饰成为一种生活方式、生活态度、生活价值，使得人于不同场合之中借由服饰感受到更美好而独特的生活体验。基于“LifeWear 服适人生”的理念，优衣库与中国最大的数字音乐平台 QQ 音乐合作，共同推出“衣•乐人生”电台。让消费者用服装与音乐找到各种美好生活场景的共鸣，用服装和音乐开启每天美好生活与心情，于音乐和服装的跨界之中感受消费升级时代下的新零售购物体验。

自 2017 年 8 月起，“衣•乐人生”项目于线上线下共同展开。优衣库在 QQ 音乐中推出“衣•乐人生”专属电台，提供各种丰富美好的服装穿搭场景，搭配音乐欣赏体验。与此同时，消费者可以在优衣库全国所有门店中体验“衣•乐人生”电台，近 200 首精选好歌，带来“数字 × 零售 × 社交”的互动新零售购物乐趣。

图 2-29 “衣·乐人生”跨界合作

有段时间，在广州有一场高端的美学盛宴吸引着大家的注意，那就是“方所”（如图 2-30 所示），初次进去你真的不知道这是怎样的一个地方，细心感悟，你会发现它是一个以当代生活审美为核心，涵盖书籍、美学生活品、植物、服饰、展览空间、文化讲座与咖啡的公共文化空间。它将一个创造性的生活实验空间带进城市，成为汇集人潮、激荡思想的多元素发表平台，并开创一种富有生命力的新城市生活模式。这种多元素的“跨界平台”共同发声，用美学来阐释生活，诉说生活的点点滴滴。

图 2-30 方所美学生活平台

那么，请你告诉我，“方所”到底是什么？你可能很难用具体的语言来描述。新零售从“售物”到“售心”，是一次从具象到抽象的过程，让我们用心来体会吧。

综上“跨界模式”，你最先需要考虑的是定位客户的情感，知道你想为客户创造什么价值，物质层面的价值还是精神层面的价值。跨界的功能元素只是完成价值传递的手段和载体而已。

（二）IP 模式

一个有显著价值观特质的 IP 能够有效促进传统商业的发展。

IP，英文为“Intellectual Property”，其原意为“知识（财产）所有权”或者“智慧（财产）所有权”，也称为“智力成果权”。这里，我所讲的 IP 主要是具有某种价值观属性的形象、符号或者标签，比如网红 IP、品牌 IP，人格形象 IP，等等。它通过卡通、动画、某种人格作为表现特征。

首先，IP 自带情感特质，隐含价值观属性，可以增加商品的附加值。IP 的人格化特质可以在粉丝之间产生共鸣，进而带动产品销售，与其说消费者在消费商品功能，不如说是在消费 IP 所赋予的情感。请问，迪士尼米老鼠的 IP 形象印到书包上，小朋友为什么喜欢买？小朋友们买的是书包装书的功能，还是因为书包上有一个米老鼠呢？他买的是米老鼠带给他的快乐。米老鼠的 IP 形象赋予了包包可爱、好玩的特质。具备快乐特质的书包，其售价也从 30 元变成了 100 元。同样，迪士尼的米老鼠还可以植入枕头、铅笔盒、公园。所以说，IP 形象显著提高了商品的价值。

另外，IP 自带流量。当前火热的网红现象，网红具备超强的导流能力。比如 papi 酱拥有千万粉丝，背后承载着轻松、搞笑、快乐、正能量，她与“丽人丽妆”这家电商公司合作，在 2016 年“双十一”当天通过直播卖货，帮助创造了多个护肤品品类的第一名。同样是网红的张大奕，拥有 500 万粉丝，创造了在 2 小时内成交额近 2000 万元的淘宝纪录。2016 年“双十一”期间，张大奕的淘宝店铺销量逾亿元，卖什么都是“爆款”。

但是，想要成功运营一个 IP，内容是关键，需要持续的内容供给，不断强化它的人格特质和价值观才能吸引更多粉丝。为了保证创意内容的产出，创作逐渐由用户创作转向了专业化的团队创作。

IP 具备情感特质，能自带流量，它同样也可以与传统的商业体结合。

新型的未来商业是IP型商业，突出人与物的温度与情感，强调情感个性标签。IP自带流量的特征，将能成为新型商业的“吸粉”工具。

2016年7月，广州人的朋友圈被一家来自韩国的店铺刷屏。开店一周便被挤得水泄不通。这是一家IP主题店——LINE FRIENDS，集简餐与零售于一体。在宽阔的门店当中提供超过1200种IP主题的周边产品，包括玩具、食品、3C周边、餐具、杯具等，同时顾客可以点到各种饮料、甜点乃至牛排。店铺能够爆棚，当然是因为LINE FRIENDS的各种卡通偶像，包括布朗熊、可妮兔、莎莉、馒头、部长、蛙里奥、詹姆士……喜欢这些角色的粉丝们蜂拥而至。这家实体店让LINE FRIENDS的形象从二维平面跳转到三维空间，让真正喜爱LINE FRIENDS的消费者能更近距离地接触到它们的卡通偶像。

卡通IP原型，如图2-31所示。

图 2-31　LINE FRIENDS 形象 IP

植入零售场景后，如图2-32所示。

图 2-32　植入零售场景的 LINE FRIENDS 形象 IP

“我家的小孩爱上打针啦！”你可能觉得不可思议，因为你见到小孩打针一般都会大哭大闹，怎么还能爱上打针呢？此事，就发生在我们的身边。

2017 年 8 月，常州市儿童医院输液室推出一项暖心的特殊服务，护士们在自制的免费输液板上亲手绘制了一幅幅卡通图画。

输液板上画着喜羊羊、机器猫、小黄人等各种卡通人物和卡通动物。小朋友们戴着萌萌哒的输液板都特别开心，表示这是挂水前和护士阿姨谈好的条件，自己表现好，不哭不闹，护士阿姨就奖励一个可爱的小动物输液板。这就是 IP 的力量。

我们身边的 IP 型商品还有很多，如江小白的酒、三只松鼠的坚果、李宁的鞋子等。

（三）主题活动模式

如果你没有能力去创作一个 IP，也没有条件去做跨界，那么你可以选择策划有创意的活动来达到让消费者产生价值共鸣的目的，这也可以帮助你提升场景体验力。我总结了节日营销、事件营销、主题营销供你参考。

1. 节日营销类

以消费者对节日的关注度来策划活动。2016 年的 2 月 14 日情人节，杭州的一座大厦里，突然间多了一个投影棚，经过的恋人、家人和朋友都会在屋前驻留，他们好奇这个打着灯光的小屋是干什么用的。原来，大家可以在屋子里留下浪漫的亲吻剪影！这就是风靡日本的神秘 KISS 屋。情侣、家人或者朋友，可以在屋里做出各种各样搞怪、亲密的动作，而工作人员通过小屋的灯光将二人动作生成的剪影图像，投射到一侧的墙壁上，投影俏皮可爱，宛如童话故事里的画面，引得屋外的人们争相驻留拍照分享朋友圈（如图 2-33、图 2-34 所示）。这样的活动帮助商业中心引来大量客流，成为人们热衷前往的景点。

图 2-33　投影棚剪影 01

图 2-34　投影棚剪影 02

2. 事件营销类

借助近期发生事件的关注度来策划活动。2015 年，Uber 在登陆广州的时候，借助《复仇者联盟 2》电影的热度，推出“英雄专车”服务。乘客通过 Uber 的 APP 一键预约，即可获得由各种英雄造型打扮的司机为你提供专车服务。司机角色包括美国队长、钢铁侠、雷神、黑寡妇和绿巨人，同时你还有和电影角色真人互动的机会。该活动引爆全城，迅速炒热了 Uber 品牌。

3. 主题营销类

你可以根据自身零售定位和场地规模引入临时会展，如艺术时尚展、科普主题展、公益主题展、动漫展、文化展等，如表 2-8 所示。

表 2-8　营销主题分类

主题营销活动	举　　例
艺术时尚展	上海 K11 莫奈展： 此次特展共展出 40 幅莫奈作品，莫奈特展的观展总数已超过 26 万人次，单日最高 6000 人次。特展期间其日常营业额增长了 20%
科普主题展	广州正佳广场航天展： 所有展品均来自亚洲最大的中华航天博物馆，是全国首个购物中心举办的大型航天展，零售与公益的科普展览相结合的模式，吸引不少客流

续表

主题营销活动	举　　例
公益主题展	广州富邦中心“智障人士艺术作品展”： 这是一场公益展览，展出了几十件智障儿童创作的画作和陶艺作品。展览提高了购物中心的艺术品位，同时提高了购物中心的欣赏价值
动漫主题展	深圳华润万象城泰迪熊展： 万象城是深圳最大的购物及娱乐中心，2014 年 8 月 8 号开展了华南地区最大泰迪熊展，加强了购物中心体验娱乐的主题定位
商业主题展	深圳喜荟城名车展： 车展精心准备了 7 台高端品牌车，包括悍马 H2 加长版、保时捷、奔驰 S300L、路虎揽胜等，名车展突出了购物中心特色化的经营路线
文化历史展	深圳 KK Mall 文化体验秀： 以“字在中国，致敬活字”为主题，全方位展出泥、锡、木、铅、铜、瓷等九万枚珍贵活字形态。活动为购物中心增添了浓郁的文化氛围，提高了文化影响力

（四）社群模式

IP 型商业，需要加强价值观的打造，构建“部落化价值观平台”。而社群本身就是汇聚一批有相同价值观、文化认同感、共同兴趣爱好的人在一起。

一方面，社群可以让粉丝在互动之间认知品牌，强化价值观特质。

例如，孩子王通过“商品 + 服务 + 社交”来实现商品价值提升。在传统卖货的同时，孩子王搭建了“妈咪社”社交平台，在社群里面做亲子教育，提供妈妈互动空间。社群是带有情感的，妈妈们在一起交流对孩子的爱。通过社群里的互动，不仅加深了妈妈之间的亲密关系，也强化了孩子王的品牌形象。

另一方面，社群成为了卖货的流量入口。

本书在第一章介绍过，当下的电商，因为获客成本高与流量红利的消失，传统卖货的模式面临挑战。因此，很多商家开始利用微信吸粉，沉淀客户流量，通过互动增加黏性，进而卖货变现。我把这个过程叫作：

先聚粉，再卖货。社群成为卖货前端的一个流量池。孩子王凭借线下店铺强大的吸粉能力，鼓励妈妈们下载 APP，把这些妈妈粉丝汇聚起来，社群就形成了一个“碗”来承载线下的流量，与妈妈们产生了持久的连接，为日后的变现提供流量基础。

（五）便利模式

便利性也是吸引客户购买的原因，我们看到的便利店、无人货架、24 小时在线的电商平台都是为客户提供便利。快闪店模式也进入人们的视野。快闪店，顾名思义，开店的时间非常短暂，依靠短暂引来的大量粉丝汇聚，激发粉丝的好奇心。店铺开在人群集中的地方，设置临时性铺位，如商业街、购物中心，以去库存、推广新品为目的。

如图 2-35 所示，阿迪达斯将店铺打造成鞋盒子的形态，吸引众人围观进入；妮维雅直接将三轮小车做成移动店铺，在海边度假地销售护肤防晒产品（如图 2-36 所示）。

图 2-35　阿迪达斯移动店铺

图 2-36　妮维雅移动店铺

便利让商品和服务变得触手可得，便利模式将传统的“重场景”变成了“轻场景”，客户的时间、空间、费用支出被大幅减少。

以前你需要花上半小时才能享受到的商品和服务，现在 5 分钟就能得到，如便利店、无人货架；

以前，需要约上三五好友，花费几百元才能享受的卡拉 OK，现在两个人花上 30 元就能唱嗨。如唱吧、友唱，它们开设在机场、购物中心、商业街，你想唱就唱，唱个不停（见图 2-37）；

以前，需要带上各种装备，开上 10 分钟车才能去的健身房，现在就开在公司楼下或者社区里，例如“超级猩猩”，将集装箱改造成健身房（见图 2-38）。

图 2-37 “唱吧”亭

图 2-38 “超级猩猩”健身房

四、成功要素：跨界整合、IP 主题化、活动参与、社群参与、便利性

以上，对于打造场景的吸引力，我介绍了 5 种模式，你可以从中选择 1 ～ 2 种切入，汇总如表 2-9 所示。

表 2-9 5 类场景模式

关键要素	要素描述
跨界整合	围绕一个价值观，跨界植入多种美学元素、商品与体验，共同完成一个“故事”。消费故事的过程，消费商品
IP 主题化	将 IP 所标签化的情感符号植入到场景中，通过 IP 符号展现的价值观，与观众形成价值共鸣，进而带来粉丝流量
活动参与	根据粉丝高关注度的节日、事件和主题，营造特定场景，让粉丝参与和感受活动，与消费者建立情感共鸣
社群参与	建立有共同价值观的社群，围绕价值观策划各种活动、内容和服务，与粉丝建立共鸣，形成流量池
便利性	能够快速获取商品或服务，如便利店、当日达等

五、案例分析

案例1　新加坡樟宜机场：打造极致场景体验

请问你有在国内机场购物的习惯吗？换个问法：你会在机场购买衣服、电器、玩具吗？据国内某机场的调研数据，79%的客户不会选择在机场购物，他们认为机场商品价格贵以及不方便携带。然而，在国外有一家机场被评为“商旅客户购物的最佳去处”。它是新加坡的樟宜机场，并在2017年3月，该机场连续第五年获得“全球最佳机场”称号。

新加坡樟宜机场始建于1975年，1981年投入运营。它是新加坡主要的民用机场，也是亚洲重要的航空枢纽。2017年，机场有350家商铺及超过120家餐饮店，总商业面积超过7万平方米。2013年和2014年樟宜机场特许销售同比增长7.9%，达到20亿新元。

我将樟宜机场的成功总结为图2-39。

图2-39　机场的极致体验

“超值的商品”是客户购买的根本动机，同时，“参与感”与“主题化”场景体验，又进一步催生客户愉悦。“超值商品＋场景体验”，共同构成了“商旅客户购物的最佳去处”。

超值购物：机场商品价格比市区节省高达40%，商品涵盖品牌服饰、饰品、美妆、点心食品、酒水、电子产品等。另外，外国旅客在离境时可以享受到 7% 的退税。

便利网购：“樟宜我爱购”（iShopChangi）是机场专门为进出新加坡的乘客设立的网上免税商品购物平台。在这里，旅客能找到超过 500 种品牌，8000 多款商品，美妆、品牌服饰、酒类、电子产品等都能在这个平台找到，一应俱全。网站推出的“网上下单，现场提货”服务极大地方便了旅客，旅客通过网站选好自己的商品，并且在提前 30 天至提前 18 小时的任意时间段下单，到达机场后就可以到指定柜台领取商品。该服务支持抵达、离境、转机三大场景。

iShopChangi 提供的服务如图 2-40、图 2-41、图 2-42、图 2-43 所示。

图 2-40

免税购物

免税产品，让消费者节省更多。

图 2-41

旅游独家优惠

享有在樟宜机场及“樟宜我爱购”的旅游独家优惠。

图 2-42

便利的网上购物

在出发前 30 天至出发前 18 小时，随时随地通过计算机或移动设备轻松浏览“樟宜我爱购”网站。

图 2-43

30 天退款保证

如顾客不满意在樟宜机场或“樟宜我爱购”购买的产品，可在 30 天内要求全额退款或替换产品。

这种方式，节省了旅客的购物时间，并且抵达机场后，还能有时间到处逛逛。在 iShopChangi 网站上购物还有部分商品享受网站专属优惠，这是旅客在机场免税店享受不到的；在支付方式上，除了传统信用卡外，我们中国人常用的支付宝也是选项之一；当然还有无忧退换货服务，只要旅客不满意，30 天内均可以办理退、换货服务。

机场商品能够保持低价优势，也离不开机场对商户的运营管理上。樟宜机场很早就尝试与租赁商户结合成利益共同体。在樟宜机场，租户缴纳的租金分为两部分：一部分是店面基本租金；另一部分是与商户销售挂钩的租金。这种方式使租户收回租金成本的压力较小，不会出现高价宰客的情况，机场和租户共同运营，让客户满意。同时，机场会与租户开展联合营销，做节日、事件类营销，或者推广热门旅游线路，以增加客源。

导购预约服务： 客户可以提前通过网络预约人工导购服务，旅客到达机场将有随行导购引领购物，为旅客提供最便捷的购物路线、最新的产品信息、最有价值的促销活动。

互动参与： 樟宜机场利用场地资源充分与旅客互动，让旅客在候机的闲暇时间享受快乐时光。例如，利用各国明星在新加坡转机的时间举办歌友会、在跑道上开展飞机与跑车的竞速比赛、在候机楼里开办跳蚤市场等，增添机场候机的趣味性。我们审视国内机场，国内机场核心仍然是“经营场地”或“经营商品”，而新零售强调是“经营用户”，为客户带来愉悦体验，这方面值得向樟宜机场学习。

主题体验： 樟宜机场将商业区仿照新加坡娘惹文化遗产建造，文化气息浓郁。

图 2-44　樟宜机场场景图

另外，樟宜机场也是全球首个拥有多主题花园的机场。包括蝴蝶园、胡姬园、水杉园、向日葵园、瀑布景观、仙人掌园（如图 2-45 所示），花园内拥有约 200 个品种的植物，有超过 20 万棵花草树木，蝴蝶园（第三航站楼离境与过境厅）占地 100 平方米，里面有 37 个品种的约 1000 只热带蝴蝶。除此之外，机场还有景观大厅、景观饮食餐馆、景观走廊等，以及多样化的娱乐设施，如电影院、主题电视室。

图 2-45 樟宜机场主题花园场景图

从官方的说法中，我感受到机场的用户思维：

“机场在某种程度上其实是个令人神经紧绷的地方，要通关、拿行李、赶飞机，来去匆匆。我们发现花草树木能达到让人舒缓压力、放松心情的效果，因此设立各类主题花园，希望让旅客放慢脚步，欣赏花花草草，认识一些或许在他们的国家不常见的花卉。”

这个案例套用我们的画布，我将其成功总结为几点，具体如表 2-10

所示。

表 2-10　成 功 要 素

成 功 要 素	解　　读
门店数字化	●上下一体：建立“樟宜我爱购”在线销售平台，提供销售、预订、导购预约等服务，并实现了“网上下单，现场提货”服务，极大地方便了消费者
场景体验力	●跨界体验：商品销售 + 主题花园 + 游乐设施，增加了休闲体验，让旅客放松心情； ●IP 主题化：购物场景中，植入了新加坡娘惹文化遗产，购物的过程感受到文化氛围； ●社群参与：策划明星歌友会、竞速比赛、跳蚤市场等活动，让旅客参与，增添机场候机的趣味性
产品吸引力	●高性价比：最高达市区商品 40% 的折扣，外国旅客还可以在离境时享受 7% 的退税，被称为“商旅客户购物的最佳去处”； ●极致服务：提供导购预约服务，全程陪同购物；旅客可以网上下单，在抵达、离境、转机时现场取货

第五节　产品吸引力

“产品吸引力”与“场景体验力”并列为零售升级的“内力”，而“产品吸引力”的重要性又要高于落地画布中的其他能力。它相当于数字 1，而其他能力都是 0，没有“产品吸引力”这个核心，一切皆空。如果产品本身有问题，将会直接导致零售升级的失败，所以说产品是核心中的核心。

关于产品，奇虎公司的周鸿祎说：“今天的消费者，话语权越来越大，产品做得好不好，体验做得好不好，是成功的关键。”这段话可以这样理解：现在网络产品信息更加透明，用户选择权利越来越大，同时社交媒体的发展，好的产品能形成正面口碑，传播开来。当然，如果你的产品有问题，体验不好，负面口碑效应也是非常可怕的。你想想，腾讯免费的 QQ、360 免费的杀毒软件，为了用户体验连广告都没有，这在免费产品里极为少见。可以看出，产品重于商业模式，虽然不一定那么绝对，但一个个成功案例也在告诉我们要以产品和服务为根本。

产品是给客户用的，产品的吸引力由消费者决定，因此，我们要先了解消费升级下的大背景。

一、消费升级下的商业机会

（一）中国居民消费潜力巨大

根据国家统计局的数据，2014—2016 年，我国居民消费占 GDP 的比重逐年提升，2014 年为 37.5%，2016 年增长到 39.2%，人均可支配收入从 2012 年的 16 510 元增长到 2016 年的 23 821 元，复合年均增长率达到 10%。低收入阶层的收入大幅提升，社会保障逐渐完善，居民消费信心得到增强。然而，与日本、美国的消费比重相比，中国仍有增长空间。日本在 2016 年的消费占 GDP 的比重达到 55.3%，美国更是达到了 69.1%。所以，中国社会的消费潜力巨大，如图 2-46 所示。

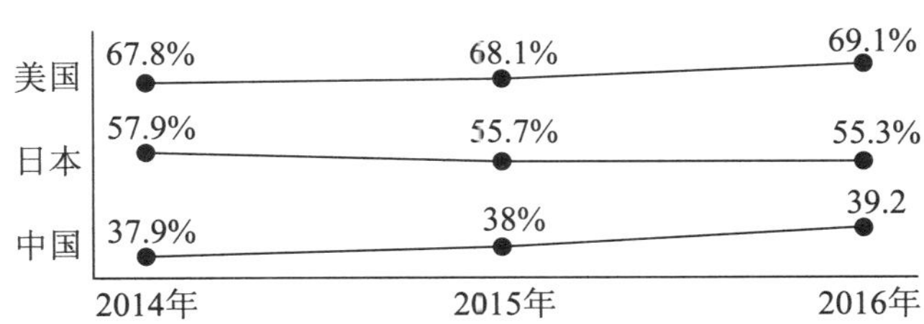

图 2-46　美国、日本、中国居民消费占 GDP 的比重走势图

我们认为中国未来 10 年的主旋律一定是消费，无论是个人消费、家庭消费、物质消费还是精神消费，都会有一个很大的增长空间。你可能会有疑问，中国提倡勤俭节约，尤其我们父辈那一代人，即使生活在当前物资条件丰富的时代，仍然很节约，他们不会主张过度消费。这是因为，他们当时所处的时代，物资匮乏，他们的经历培养了他们节约的习惯。而到了“80后”“90后”所处的时代，物资丰富，这代人将回归消费的本性。中国古代出现了很多非生活必需品，如精雕细琢的工艺品。古代的富人花大量的时间和金钱去摆弄这些器件，甚至远超其他国家。这都是从物质消费向精神消费转化的表现，你可以说他们是在浪费吗？

我们再回顾下美国历史，19世纪的美国也是推崇勤俭节约的清教徒文化。到了20世纪初，富裕阶层的人们通过“炫耀性消费”来展示自己的社会地位，随着美国经济的发展，大众消费也开始升级，从勤俭节约的社会转向了追求品质生活的消费型社会。所以，我们可以预判，中国的消费型社会已经到来。

据相关统计，美国人每年人均使用毛巾的数量是15条，而中国是2条；美国人每年人均观看电影3.91次，而中国是0.97次；美国人每年人均用纸量是300多公斤，而中国是50公斤。另外，我们还有很多消费产品没有普及，《小米生态链》一书提到，美国人使用电动牙刷的人数比例达到42%，而中国只有5%；美国人使用漱口水的比例达到56%，而中国只有6%；美国使用牙线的比例是72%，而中国只有1%。在中国，中产消费者和城市大众消费者的数量已经接近4亿，这个群体将成为消费升级的主力群体。消费升级主要来源于5大因素：

1. 经济繁荣、收入提高是消费崛起的根本，普通大众也享受到了经济繁荣带来的福利；

2. 生产效率提高、商品价格下降使大众消费成为可能。生产效率提高增加了人们的闲暇时间、大众消费开始兴起。生产效率提高，带来产品价格的下降，曾经的“奢侈品”变为普通家庭的必需品；

3. 城镇化进程的加速、新中产阶层崛起为消费文化提供土壤。城镇化改变了社会阶层的构成，改变了人们的生活理念，为消费升级提供了土壤；

4. 文化产业发展带动消费文化普及。新的消费方式、娱乐方式通过广告等媒介被大众接受；

5. 消费信贷刺激大众消费需求。商业银行、渠道商、品牌商都关联消费信贷业务，降低了消费者的购买门槛。汽车、房子是具有代表性的消费信贷类商品。

（二）消费升级带来商业机会

1. 品质商品的追求

“物美价廉”在很长的一段时间里都反映出中国人的终极购买需求，简单说就是“最好的产品，最低的价格”，但实践证明，这是一个完美的悖论，只是体现了人们的美好愿望。随着消费者生活水平的提高，对产品价格的敏感程度逐渐降低，慢慢过渡到开始关注商品的品质，“一分钱一分货”实际上反映了国人对商品品质的高要求。国人去海外抢购电饭煲、马桶盖事件频频曝光，这绝对不仅仅是为了吸引眼球的个别案例报道，而是国人消费需求升级的代表性事件。

中国是名副其实的消费品制造和出口大国，“中国制造”虽然扬名海内外，但很少称中国为“制造强国”。2016 年《政府工作报告》中首次提出了“工匠精神”。同年，国务院总理李克强提到“引导企业树立质量为先、信誉至上的经营理念，立足大众消费品生产推进‘品质革命’，推动‘中国制造’加快走向‘精品制造’，赢得大市场”。一场与大众生活息息相关的“品质革命”呼之欲出。

2. 精神文娱消费

人们在不断追求生活品质的时候，会逐渐迷失在对物欲的无止境追求中，为了更好地找到生活的平衡点，不让自己迷失，精神消费会慢慢取代当前物质消费的主导位置。

从国外某发达国家的相关经验来看，人均 GDP 达到 7000 美元临界值，文化娱乐消费就会快速兴起。而在我国，早在2005年，一档娱乐节目“超级女声”在一夜之间火爆，引发全民狂欢的时候就是启示。那时候虽然还没有朋友圈，但是办公室、茶水间、集体宿舍甚至朋友聚餐的场合等已经成为讨论“超女”的前沿阵地，全民投票，全民参与，以势不可当的姿态迅速成为2005年全民的狂欢。此时，“超级女声”不再只是一档简单的娱乐节目，它不仅仅成就了“超级女声”的品牌，也成为了后来营销大师口中的营销传播成功案例之一，更是反映了当下复杂的文化娱乐现状。

而最新数据表明，2017年我国人均GDP已经超过8800美元，文化娱乐消费快速发展，全民娱乐时代已经来临。2016年中国文化娱乐市场产值达1859.5亿美元，同比增长10.14%，过去6年CAGR（复合年均增长率）达到9.6%，也说明文化消费时代已经来临。娱乐已成为人们日常的消遣方式，也是满足人们精神需求的一部分。

对比旧的文化娱乐产品，互联网时代的文化娱乐更多样化、数字化、移动化。旧的文化娱乐模式包括电影、阅读、卡拉OK、游戏，而新兴文化娱乐模式在这个基础上进行了升级，发展为网络视频、在线阅读、知识分享、线上K歌、直播，等等。根据腾讯研究院相关研究数据显示，以腾讯系列产品举例，QQ阅读截至2016年3月，其注册用户数已突破6亿。截至2017年6月，我国网络视频用户规模达5.65亿，占网民总数的75.2%，每天观看网络视频一小时以上的重度用户达到73.2%，而手机网络游戏更是稳步增长。新娱乐模式代表之一的直播，是娱乐内容产业的又一次革命。直播更是将网红经济推向高潮。

文化娱乐进一步渗透进人们的生活，仅网络视频领域即可覆盖超七成网民，在PC端，人们每月花费54%的上网时间在文化娱乐上。“90后”成为消费主力，他们不仅是娱乐内容的消费者，还是内容的传播者、内容参与及创造的发起者。借助互联网快速传播的特点，全民生产内容、全民传播内容、全民消费内容，加速了文化产业的发展。

3. 教育旅游消费

撇开吃、穿、住、用，目前排在中国家庭主动性消费首位的就是教育和旅游。说到教育投资，据调查显示，85% 的父母将家庭年收入的 20% ～ 60% 用于给子女提供教育，而辅导班则是教育支出的重头戏。

近年来，中小学生的父母选择线下课外辅导的比例依然最高，除课外辅导班外，选择传统的素质教育兴趣班和图书音像产品的人数比例却在下降，与此相对应的是，选择在线教育产品的人数比例在增长，这得益于包括移动学习 APP 在内的在线教育产品的大量推出，越来越多的家长开始接受并选择在线学习的方式辅助孩子学习。

线下教育与在线教育优劣势互补，共同促进了教育产业的升级。

相比较几年前的疯狂购物性旅游，2017 年 “理性消费”成为旅游消费的主旋律，为了迎合这一消费特点，中国度假旅游市场表现出明显的主题化细分趋势，在传统旅游元素基础上包装打造出的多元主题旅游产品，如亲子游、医疗旅游、体育旅游等，精准聚焦用户群，开发更具本地特色、更贴合消费者需求的方式，以吸引不同层面的消费者。

此外，移动互联网时代，移动支付改变中国人旅游消费习惯。以酒店预订为例，2017 年自由行游客通过移动端预订酒店的占比，由 2016 年的 53% 提升至 79%，增长 26%。随时随地用手机预订当天行程也成为趋势，越来越多的人享受自由随性的旅行。

4. 银发经济消费

公开资料显示，到 2020 年，中国 60 岁以上人口将达到 2.48 亿；到 2030 年，该年龄段的人口将超过 3 亿；到 2050 年，中国老龄人口将增至 4.8 亿，占全球老龄人口的四分之一，也就是说全球每 4 个老人中就有一个是中国老人。中国正迈入老龄化社会是不争的事实，随着老年人的消费需求升级，“银发经济”已悄然降临。

由于受到传统养老观念影响及目前养老机构不足，“居家养老”还是当前中国养老的主要方式，90% 的老人在自己的家中度过晚年。与此同时，“社区商业”则孕育着巨大商机，“如何与老人近距离接触并时刻保持信息的快速传递才是这场商机获胜的关键”。而在此之中，智能终端成为了突破口。目前出现的智能终端设备品类主要有监护提醒、健康监测两大类，比如可以随时监测血压、睡眠等的智能手环。

随着老年人消费观念的转变，新的生活方式逐渐进入老年人圈子，退休生活正不断丰富，老年市场正成为下一个“流量入口”。

二、方法论：用内容力和人格力构建产品

不久前，在北京大街上穿梭着多辆装饰得像只鸭子的小车，满大街跑，吸引目光无数。这些车，是很多年轻女士都梦想拥有的 MINI Cooper，就在大家带着好奇的眼光注视这辆车时，车停了，从车上下来一帅哥，戴着谷歌眼镜，手上提着外卖式的东西，他正在寻找什么？不一会儿，从楼上下来一女孩，他们俩热情交谈，确认信息。之后，帅哥将手里的东西交给了女孩。女孩满心喜欢。其实，这就是一个外卖品牌“叫个鸭子”，你可能会问“送个外卖怎么还配宝马帅哥呢？”这就是营销策略。就是这只“鸭子”，在开业不到 3 个月的时间，估值 4000 万元。我把这个产品的成功归结为内容力和人格力。

（一）内容力

好的内容是留下粉丝的关键。当然，我说的内容，可不是简单写一篇文章那么简单，而是围绕用户从产品使用、服务、活动参与的综合型体验。“叫个鸭子”，从一开始在产品端就狠下功夫，整个产品的开发过程耗时半年有余。初期，80% 的用户都是女性，从 MINI Cooper 和帅

哥，这两点就能看出策划人的用意了。为了迎合女性消费，鸭肉不蘸酱，据说是因为女性指甲长，不太方便。另外，为了配合外卖，也不做脆皮鸭，因为脆皮在外卖过程中会变软不好吃。为了把服务做足，这家公司要求30分钟内必须送货到位，毕竟鸭子还是快食消费，否则就“飞”了。而体验内容帮他们赚足了眼球，如果你叫了只鸭子，一路宝马送货，外卖小哥又那么帅，请问你会惊讶吗？你会去朋友圈转发你的感受吗？

另外，这家公司还做了不少运营活动，比如鸭寨夫人选美，联合电影院包场看《超能太阳鸭》大电影。事件营销的策划也没少，相传一外卖帅哥接到粉丝客户电话，说自己失恋了想吃鸭子，小哥送货上门，看到女孩失恋的悲痛，硬是没要钱，“哥哥帮你买单了，希望你心情好些”，就这样一则消息，在朋友圈转发，外卖小哥成了粉丝说的“暖男”。“叫个鸭子”，整个内容策划，从产品，到服务，再到用户体验进行全方位打造，正应了“叫个鸭子”对外宣传的那句话——“生活就该有点幻想”。

这里，我引入一个内容力的模型，从“主张内容”“产品内容”“体验内容”“互动内容”四个层次来构建产品体系，如图2-47所示。

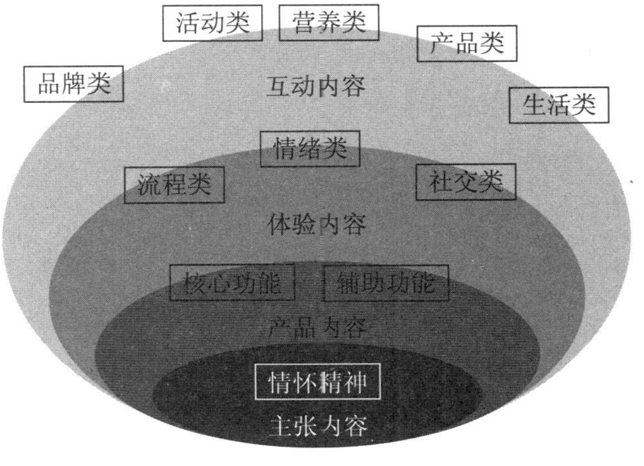

图2-47　内容力模型

1. 主张内容，即独特主张

这是产品的独特消费主张，你给客户的消费承诺。沃尔玛的承诺是“为顾客节省每一分钱”，海尔的承诺是“真诚到永远”，舒肤佳的承诺是“促进健康为全家”，这是你的产品想要给社会创造价值的使命和宗旨。后续所有的产品设计、体验设计、用户的互动设计都是围绕这个宗旨展开。

2. 产品内容，即极致功能

产品为客户提供的基础核心功能、增值功能。比如小米手机，核心功能是通话、上网，增值功能是各种APP应用服务，他将手机性能的“快”作为核心卖点突围市场，他们的口号是“小米手机就是快”。又如微信早期将语音对话作为基础功能，后续迭代出了“朋友圈”“公众号”“微信小程序”“微信支付”“扫一扫”等增值功能。

3. 体验内容，即极致服务、极致体验

体验是流程优化带来便利感，服务极致化带来愉悦感，社交圈子汇聚带来被认同感。比如“三只松鼠”（互联网食品品牌）提供的开箱器、封口夹、湿纸巾、垃圾袋，能够让用户心里暖暖的，它将客户使用产品的每个环节都做到极致。又如星巴克咖啡，你和朋友坐在那里绝不仅仅是喝一杯咖啡，商务社交才是你去那里的根本原因，还有部分人选择在星巴克寻找创作灵感。

4. 互动内容，即极致互动

随着以微信、微博为主的社交媒体的出现，品牌与客户能够保持24小时连接，互动变得更加容易。我们与客户做的一次活动、发的一篇软文、早上对客户的一句问候都属于“互动内容”，比如微商借助产品、鸡汤、生活点滴的内容分享，增进客户的信任感，进而带动了产品销售。

回到案例中，“叫个鸭子”策划跨界互动活动，向客户传达“生活就该有点幻想”的价值主张。2016年，这家公司办了一场“国际捉鸭节”

活动。在欧洲杯举办期间，接送熬夜看球的粉丝们上下班。看过球的朋友都知道，最担心第二天起不来床，上班迟到；而要下班了，又赶不及回家看球。这时候，“叫个鸭子”就在全北京城安排了精心装扮的大巴去接送，如图 2-48 所示。巴士上印着醒目的 11 个字“不叫个鸭子，你还看个球儿？”鼓励粉丝们全城“捉鸭”，也就是预订大巴。如果你在街上遇到大巴，然后拍照分享至朋友圈还会有惊喜奖励。

图 2-48 “叫个鸭子”大巴车

我们再来看看这家公司做的另外一场互动活动——“联合知乎女神，直播送书”活动。你可能会问，这书和鸭子有什么关系，这就是这家公司厉害之处。这本书跟吃有关，书名叫《吃了再爱，还是爱了再吃》，讲述了情欲和食欲的关系，硬是把鸭子和爱情扯上了关系，通过这场网络直播活动，女神的粉丝和鸭子的粉丝进行了一次互动，双方的粉丝量都大增，跨界整合实现了双赢。

为了便于你理解，我将“叫个鸭子”的内容体系做成了图 2-49，供你参考。

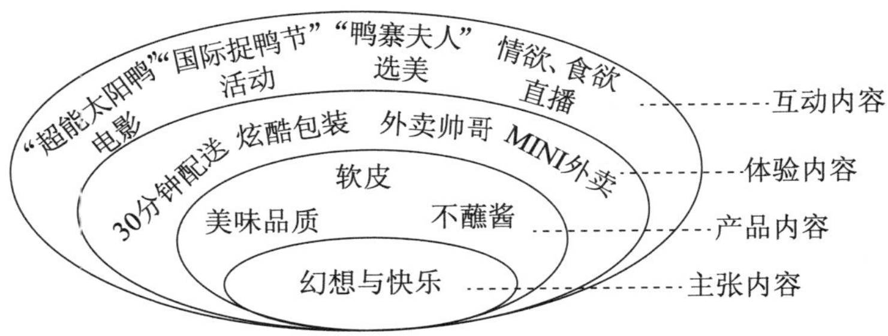

图 2-49 模型应用

以上介绍了产品的内容力模型，这是实施新零售的核心关键。如果你想做得更好，还可以考虑为产品植入"人格魅力"。

（二）人格力

我在本章"场景体验力"模块介绍过：IP 背后是一种人格力。"叫个鸭子"的人格力是挑战、奋斗、无畏。于是，你发现它所策划的所有产品内容都在迎合这一价值属性。

再举一个你熟悉的例子，"三只松鼠"的人格力是可爱、亲近、积极、向上。怎么表现这一人格力呢？从你接触它的每一刻，都以"主人模式"与你建立亲密关系。2013 年，我曾经在微信里和虚拟松鼠聊天，松鼠亲切地称呼我为"主人"，还为我唱歌，是的，唱歌！人格化的表现，瞬间拉近了产品与用户之间的距离。用户的信任门槛被大幅降低，促进了产品的销售。

产品的人格化，应具备 4 层属性：

1. 要有自己的"价值观"，也就是我们对人生意义的理解，引起共鸣和认同感。正如"叫个鸭子"，它认为"人生就该有点幻想"，不要活得干巴巴的，于是后期的运营都以幻想展开。

2. 要具备"普世的元素"，也就是 IP 人格背后对人世间的人、事、物的理解、态度和追求。"叫个鸭子"对外传递的都是积极、向上、乐观、敢于挑战现实的形象。

3. 需要包装“产品故事”，我们经常看到的品牌故事，品牌对外想诉说什么内容，想给这个社会带来什么价值？比如企业家的故事，企业家在建立这个品牌背后的酸甜苦辣；又如产品的故事，我们所做的产品是如何与众不同，是如何精心地选材选料。品牌、产品、创始人的故事化，又反哺 IP 形象，为 IP 加分。

4. 要有一个“表现形式”，就是要充分利用用户的各个接触点策划内容，呈现价值观。比如利用一张图片、一段视频、服务人员的一句话，集中对价值观的呈现。“叫个鸭子”，在外卖车、外卖所穿的服装、运营的各种活动，点点滴滴都在体现“人生就该有点幻想”这句话。

围绕 IP，我们从价值观、故事化及表现形式上来体现，对照这个标准，贵公司的 IP 构建得如何呢？这就是我说的人格力。

三、关键成功要素

我将“内容力”和“人格力”中的核心总结为 5 个关键要素，具体如表 2-11 所示。

表 2-11　产品吸引力的 5 个关键要素

关键要素	要素描述
独特主张	产品给到客户独一无二的价值主张或消费承诺，客户愿意为此主张或承诺买单
极致功能	消费者升级时代，消费者对商品品质有更高要求，因此，直面市场竞争，提供更加优质或者独特的功能
极致体验	从商品的体验出发，更便利，更好玩，更有面子，更能够代表自己的价值观
极致服务	为消费者提供优质服务，不让他们等，不让他们烦，不让他们想
正品低价	更优秀的供应链能力，在同样的商品品质情况下，价格更低

表 2-11 中，独特主张是根本，需要你给到消费者与众不同的承诺，

通过独特的承诺在竞品中脱颖而出。而后，在功能、体验或服务方面选择 1 ～ 2 个，实现你的承诺。如果不具备以上特点，也就是你的产品同质化严重，那就只剩“正品低价”一条路，用价格打动消费者。

四、案例分析

案例　剖析雕爷牛腩的体验力

上文我们提到“体验内容”是流程优化带来便利感，服务极致化带来愉悦感，社交圈子汇聚带来被认同感。这里，我将其中的流程优化，依据客户的购买路径，绘制为 7 个核心环节，即发现、评估、购买、接触、使用、获得支持、分享参与（离开）。我们以雕爷牛腩为案例，剖析其体验力是如何操作的，如图 2-50 所示。

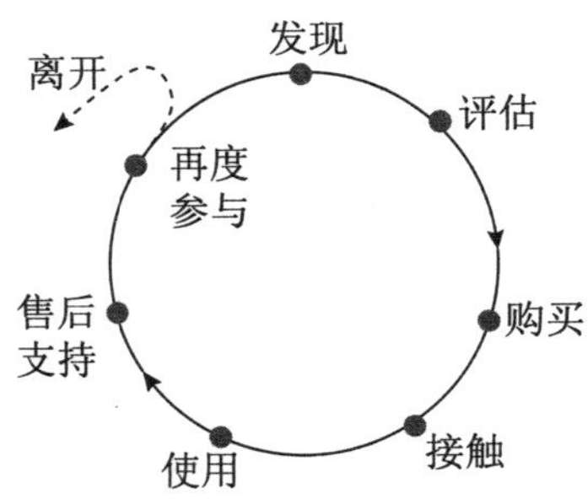

图 2-50　客户购买路径

雕爷牛腩是以互联网思维打造的“轻奢餐”品牌，围绕餐厅策划了创新的营销手法和尖叫的极致体验，号称“整个餐厅无一处不故事”，引得各路粉丝争相去一探究竟。

发现：获取客户流量，让更多人知道

a. 地处北京著名的综合商场，人流量大，高端大气上档次，如大悦城、颐堤港、蓝色港湾等；

b. 利用微博传播，进行事件炒作：食神戴龙的牛腩秘方发布会、韩寒夫妇就餐被拒的消息、12 岁以下小孩不得进入引发网上争议等；

c. 利用客户口碑，朋友之间转发介绍。

评估：塑造正面口碑舆论，建立客户信任背书

a. 以轻奢为主调，消费者进去感受的不仅是菜的味道，更是一种品位；

b. 各类点评类网站，获得网友的正面文字评价、绘声绘色的描绘及真实的现场照片；

c. 各种超出期望的细节体验，增加了人们“猎奇心理”。

接触：客户接触商品，获得极致的便利体验和无微不至的关怀

a. 菜品：只做 12 道，以“一月一小换，一季度一大换”的节奏不断更新；

b. 服务：服务员都带着黑面纱，为了说话的时候吐沫星子不会溅到客人的食物里；专配首席体验官，以客户的角度去感知餐厅的服务，时刻注意客户的反馈意见，时刻改善餐厅服务，有权给客户的小菜、茶水免单，为客户带来感动和惊喜；

c. 器具：碗，专为牛腩面发明的专利，上方厚重，很粗糙，端起来手感很好，而对着嘴喝汤的三分之一部分则很薄、很光滑，在碗边上开了一个拇指斜槽，为了方便卡住主汤勺，端起来喝汤的时候，勺子不会乱动；锅，获得专利，取名“铁扇公主”，因为牛魔王最怕的就是她；刀，为了牛腩而研发，据说是世界上最贵的中式菜刀，纹理肉眼看不到，在显微镜下是无数小锯齿组成的，配合“滚刀法”，行云流水，得心应手。

使用：使用商品的过程获得极致体验

a. 牛腩：以500万元买断香港食神戴龙的牛腩秘方，大家慕名品尝（真实味道如何，网络上各有说法）；

b. 茶点：轻奢品味的提升从喝下第一杯茶开始，分男茶、女茶。男茶有西湖龙井、冻顶乌龙、茉莉花茶、普洱茶，女茶有薰衣草红茶、洋甘菊、洛神玫瑰红茶。味道从轻到重，从淡到浓，符合不同的养生之道，不用付费，无限续杯；

c. 菜品：根据时令为顾客打造最新鲜的味觉体验；

d. 椅子：提高翻台率，椅子宽大坐着舒服，但左右后都只有框架，靠起来就不怎么舒服，让客人放弃长时间坐着闲聊；

e. 就餐环境：家长带孩子在店里吃饭时，孩子容易满场乱跑，导致其他客人无法安静用餐，于是谢绝12岁以下儿童进店用餐。

售后支持：提供无忧保障，引发客户的持续关注

a. 纪念品：临走时服务员会仔细洗净并用小袋装好食客用过的筷子（缅甸的“鸡翅木”，上面激光蚀刻“雕爷牛腩”LOGO），送礼自用两相宜，回去给朋友介绍：“今天去高档场所消费了一次，还带回来了好东西，人证物证俱在。”

b. 拍照：来雕爷牛腩吃饭的人很少有不拍照的，而且服务员也鼓励拍，人家希望食客拍了之后分享到微博、微信上。

再度参与：通过激励措施，鼓励用户再次购买

申请VIP需要关注微信公众号回答问题，审核需要24小时，获得VIP身份的食客拥有专属菜单，可选择的菜品比普通食客多，形式也更华丽，这份VIP菜单普通食客是不给看的，激发下次参与。

第六节　业务共享力

一、“烟囱式系统”的忧患

2010年，一次重大的IT事故让我记忆犹新。我所就职的一家IT公司，其中有一个30多人的IT团队服务某省级电信运营商。公司负责PC端电商平台的开发和运营，电商平台实现了手机、话费、营销活动、服务类业务的线上交易、支付和预订。

同期，作为业务底层的交易系统是由另一家公司开发，该系统负责业务、商品、服务及各种电信套餐的管理。电商平台的所有商品和服务数据都需要去业务系统调取。说得简单些，业务系统负责商品和业务管理，电商系统负责交易和支付管理，一套购物流程，分布于两套系统，且分别由两家公司运营管理。

可怕的事情来了，在一次预存话费送手机的活动中，我公司将业务系统接口的“费用字段”定义错误，将“1元”理解为“1角”。于是，在业务系统中标示的原价1 000元的手机，电商平台上显示为100元进行销售，客户在电商平台完成支付，于是一张张订单“顺利”完成。整个过程未能得到系统的监控反馈，直到库存不足才发现问题。这是我公司仅有的一次失误，但也是致命的一次失误，后来，公司耗费了大量的人力、物力去挽回损失。究其原因，除了测试人员未能发现错误外，关键的核心模块“商品管理”和“支付管理”分布在不同系统实施，且未能很好地结算验证是主要原因。从商品管理到结算支付本应归属于同一套完整的系统，由独立的团队开发，现在却分别归属于两个部门、两套系统。这类问题，在传统企业非常普遍。

传统企业里，虽然IT部门和业务部门在职称等级上是一致的，IT中心和业务中心属于平级单位，但在业务运作中，往往并非同级，由于IT并不对公司的业务收入直接负责，因而长期在领导心目中的重要性不够，IT中心常常扮演业务部门的支撑单位，属于配属地位。IT中心作为支撑方，响应业务部门的需求，然后进行系统招投标，再进入需求收集、需求分析、开发、测试、上线等的项目周期中，点对点满足各条业务线的需求。久而久之，需求部门都有自己的独立系统存在，而独立的系统之间就犹如“独立的烟囱”部署在企业内部，导致了系统之间存在功能重复建设、系统之间难以互通、系统之间定义的标准存在偏差等问题。我经历的这个事故，正是由于“业务系统”和“电商交易系统”两套系统对同一字段的定义口径不一致所导致的。

二、建立业务共享机制（业务中台搭建）

2017年底，IDC发布了2018年全球IT产业预测，主要结论就是以云、大数据、移动和社交等为代表的第三平台所推动的企业数字化转型将进入第二阶段：**从以公司为主、孤岛型创新的实验性阶段，走向基于平台和生态系统、数字产品倍增的创新阶段。由此，可以预见，公司建立统一的业务中台，实现平台化运营将是大势所趋。建立业务中台，有什么好处呢？**

（一）避免重复建设

阿里云的平台总监钟华在他的《企业IT架构转型之道》一书中介绍阿里在发展的过程中也出现过若干个“IT烟囱”，阿里巴巴最开始以1688平台创业，2003年推出淘宝，随着公司发展又推出了天猫、聚划算、闲鱼、拍卖等。系统相互独立，不断重复建设，导致大量浪费，如图2-51所示。

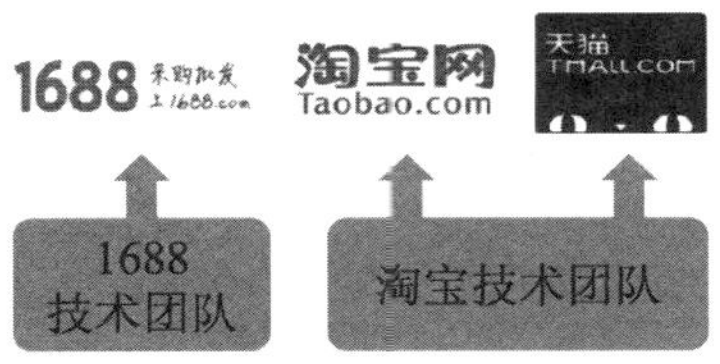

图 2-51 “烟囱式”的架构

2008 年，淘宝的技术团队同时支撑着天猫，B2B 的电商平台 1688 沿用自己的技术团队，三套电商体系架构完全独立，各自独立开发和运维。你细想一下，三个平台中，商品管理、交易管理、支付管理、评价管理、用户管理等模块，是否可以共用呢？如果可以共用，为什么又要重复开发呢？于是，在 2009 年，阿里巴巴成立了“共享业务事业部”，将阿里巴巴集团前端业务中通用的业务沉淀到这个事业部，包含了用户中心、商品中心、交易中心、评价中心等十几个模块，如图 2-52 所示。

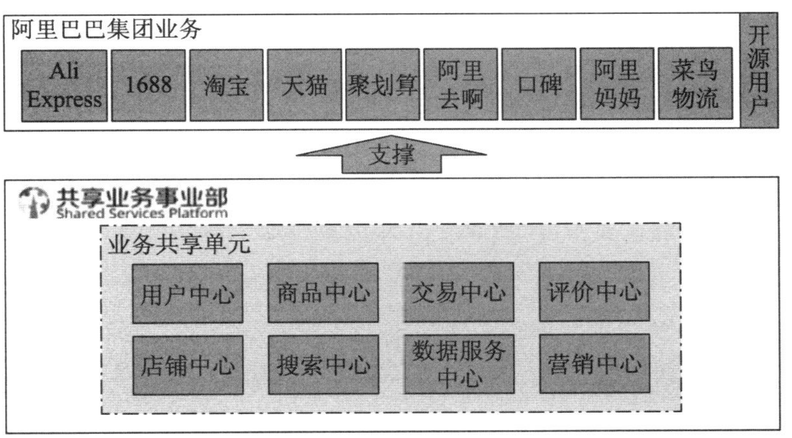

图 2-52 能力共享后的组织架构（引用自《企业 IT 架构转型之道》）

这样做也能统一不同系统之间对同样事务的定义标准，减少差错产生。在前面介绍的运营商业务事故的案例中，如果商品管理和交易管理都在同一平台，由同一部门统一管理，用同一套标准来工作，错误的概率就会下降很多。

（二）避免数据的孤岛

“烟囱式系统”带来的另一个问题是容易形成“数据孤岛”。相关领域的数据分布在不同的系统中，数据分布广、算法不统一、定义不标准，汇总统计相当困难。对此，做过数据分析的朋友会深有感悟，为了统计某一个信息，需要在不同系统里抓取数据。比如会员信息，你可能要去实体店的 POS 系统、CRM 系统、天猫平台、微信平台等多个平台提取。再者，你作为周报的汇总者，需要去找各个部门要报表，然后汇总，由于各个部门对数据的定义标准不统一及数据模型的建立方法不同，你还需要统一标准再做梳理，于是你将大量时间耗费在数据的整理、转换、清洗上，而数据分析和挖掘反而不足。这样的工作方式势必会对你的工作结果造成影响。

因此，建立业务中台后，数据将在中台统一管理，数据格式、标准都将被统一，大大节省你的工作量，而且减少了数据差错。

（三）实现各业务场景的互通

在本书前面部分，我们介绍了新零售的一个特征是“线上线下一体化的运营”。强调要实现“5 通”，即流量打通、商品打通、支付打通、会员打通、库存打通。不同渠道、场景之间，要实现“5 通”，必须要依靠业务中台的建立，实现流量、商品、支付、会员、库存的功能共享机制。实现互通，我们便可以整合“网店＋微店＋门店”，让客户在各店之间无缝体验。

2018 年 6 月，天猫、京东先后发布对线上线下一体化运营的战略攻势。天猫总裁靖捷透露，手机天猫将全面改版，打通线上和线下，将线下百万零售终端店铺统一加入天猫智慧门店体系。“以前只是‘天上一只猫’，这次‘天猫 618’让我们感受到无处不在的天猫。消费者不必受制于在哪里下单，在哪里提货，一切围绕着他最倾向、最习惯的方式发生。从交易、交付到交互，全程和消费者接触。”同样在6月，京东推出了“京超计划”，京东商城与线下商超通过打通线上线下库存和会员体系等方式，用优势供应链、精准大数据和坚实信息技术，为消费者提供更快捷服务的商业解决方案。

1. 库存打通：消费者在京东商城下单，如果系统判定从消费者附近的京东合作门店配送是最优路径，后台会发送指令给相应门店，由门店工作人员进行商品的出库打包，达达和京东物流共同担负配送任务。

2. 会员体系打通：“京超计划”把京东线上的优惠和福利带到线下商超，再次提升消费者购物体验，撬动线上线下资源，促发联动，达成“1+1 ＞ 2”的效应。

就在京东发布计划之时，京东与沃尔玛已经打通库存，覆盖门店已经多达184家。同时，涉及300多个SKU，以消费品为主，配送范围为沃尔玛门店周边3公里内。如果你在京东自营下单，周边沃尔玛将会为你极速送达。

三、方法论：三类共享模式，助力大小商家

（一）内部共享模式

适合企业：针对体量大的、有多个经营终端的企业，可以自建业务中台。比如：连锁店，有多个销售终端；百货公司，有多个自营或者租赁店铺；品牌型企业，有多个分销渠道，线上线下全渠道分销，如图2-53所示。

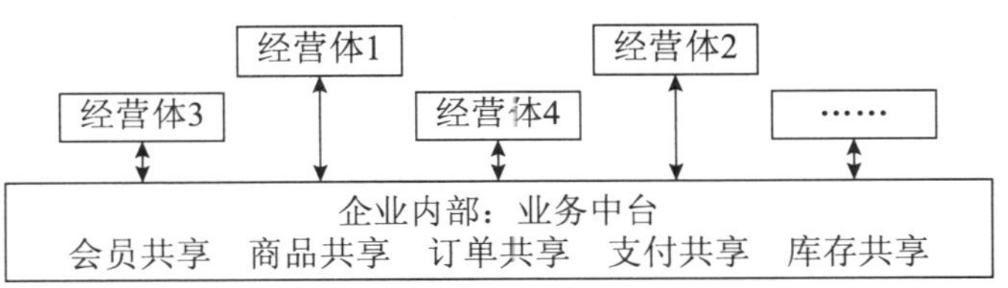

图2-53　内部共享模式

应用场景举例：

客户可以在企业内部的任何门店下单，任何门店提货。

● 客户可以在 A 门店查询所有门店的商品信息，并下单，若 A 门店没货，则由距离较近的其他门店送货；

● 客户在线下下单，由线上库存发货；

● 客户在线上下单，发现商品不符合要求，于是来到离他最近的线下门店进行退货处理。

（二）外部共享模式

适合企业：针对体量小的、只有 1 ～ 2 家经营体，如社区的夫妻店。这类企业没有能力也没有必要自建业务共享平台，但可以加入外部的共享平台体系，比如京东推出的“新通路”、天猫推出的“零售通”及中商惠民平台等。这类平台，又称为“赋能型平台”，加入到该平台的商家，可以享受平台的供应链服务，共享百万种商品。平台自带的“智慧能力”可以帮助商家选品，优化陈列布局以及提供数据化运营指导服务，如图 2-54 所示。

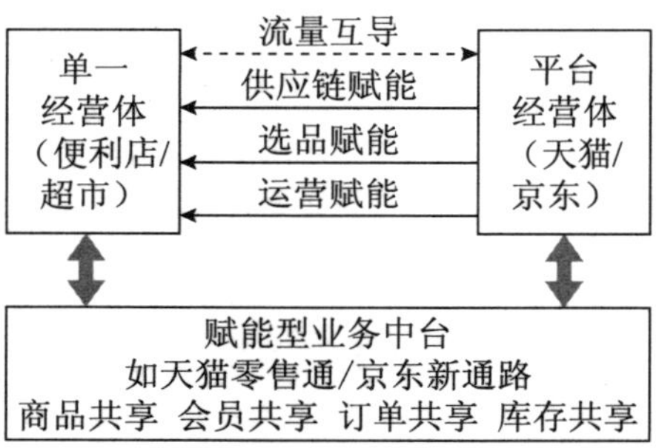

图 2-54 外部共享模式

应用场景举例：

1. 客户到店里发现没有想要的商品，店主热情地通过 POS 电子屏向客户推荐京东商城的商品，并帮助下单，客户满意离店，等待货物配送上门；

2. 客户在京东平台下单，京东平台通过业务中台，定位客户附近的店铺，匹配商品和库存，发送订单给店主，店主收到订单并配送商品到客户家中；

3. 京东根据热销商品数据，定期向店主提供最优的货品组合，店主通过京东平台下单收货，重新布局商品。

（三）内外部融合模式

适合企业：针对体量大的、有多个经营终端的企业，具备开放性思维，愿意整合外部资源，强强联合，例如品牌连锁店、大型百货公司、大型连锁商超。前面我们提到的沃尔玛，经过多年发展，内部已经形成了统一业务中台，同时外部与京东合作，打通了商品与会员，实现了客户在京东下单，沃尔玛在3公里范围内快速送货，如图2-55所示。

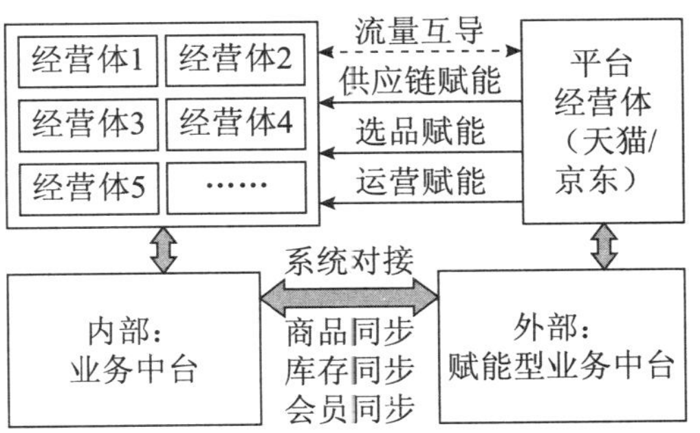

图 2-55　融合模式

应用场景举例：

1. B2B赋能型平台（如京东、天猫），将基于数据化的智慧能力赋能给传统实体商家，帮助商家全面数字化转型，如智慧选品、智慧选址、智慧库存、智慧运营、智慧供应链等，帮助商家降本增效，提升客户体验；

2. 平台经营体（如京东、天猫）与这类实力连锁商家合作，能够更快速地整合线下门店资源，抢占线下流量入口，客户能够获得更好的取货体验。

四、成功要素：商品打通、订单打通、营销打通、会员打通

具体如表 2-12 所示：

表 2-12　业务共享力的关键要素

关键要素	要素描述
商品打通	各店铺商品统一按标准录入系统，对商品统一管理，便于商品的数字化分析与调拨
订单打通	打通线上线下、店铺之间的订单，统一管理，便于日后订单的调度划拨及退换货处理
营销打通	营销的全渠道集中管控，既支持单个店铺和单个区域的独立营销，也支持店铺间和区域间的联合营销
会员打通	统一会员的等级设定、积分标准、兑换机制、权益范围。实现会员跨区域、跨店铺甚至跨界享受权益

五、案例分析

案例　某美妆店铺的会员中台建立

2016 年，我们当时在执行一个美妆品牌的电商咨询项目。该品牌的天猫店铺销量排名从 2012 年的第 4 名滑落到了 2015 年的第 18 名。通过分析，我们将问题焦点定义在“会员流失”上。传统商业都遵循“二八定律”，也就是 20% 的高价值会员客户贡献了 80% 的销售收入。需要先找到这 20% 的会员客户，做精细化运营维护，进而提升客户价值。在会员数据调研中，

我们发现会员数据“散落一地”，找不到高价值会员客户，如图 2-56 所示。

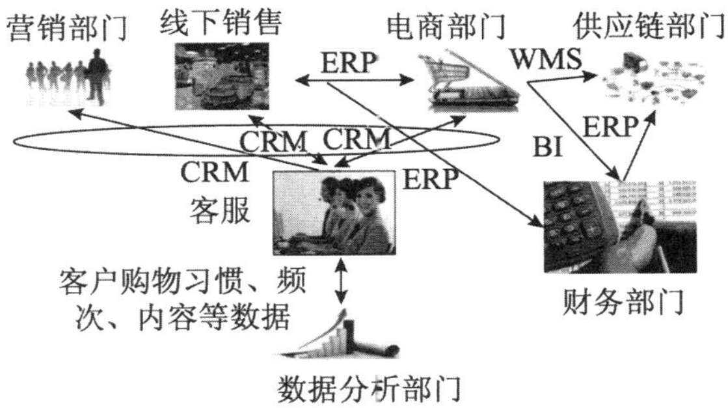

图 2-56 数据分散于不同系统

如图 2-56 所示，该品牌的会员数据散落在营销部门、线下销售的门店、客服部门及电商部门，我们在项目中需要将不同部门的会员数据做统一收集整理。具体做法如下：

首先，我们搭建了专属会员管理系统，叫作“SCRM 系统”，该系统也可以理解为“基于客户关系管理的业务中台”，用于将散落的数据做集中处理。

SCRM 较传统 CRM 增加了多渠道的连接能力、互动能力和数据分析能力，更加适应当前社会化的用户行为，因此是“Social+CRM”。社会化的客户行为，典型特征是用户交互渠道的碎片化和社会化，当前的客户行为的交互渠道更加分散，如电商平台交互、微信交互、微博交互、QQ 交互、直播交互、短视频交互、论坛交互等，交互过程中产生的数据分散在各个渠道，因此，需要 SCRM 系统将交互数据汇集起来，统一处理。

然后，我们在 SCRM 系统的基础上，搭建微信公众号，作为用户互动的主阵地，在与客户互动的过程中进一步收集客户的主要数据。随着数据量的增加，我们将客户数据投入会员分级模型中进行处理，这个分级模型我们在“新零售落地画布”的第二个模块“关系数字化”中介绍过，即购买力模型和影响力模型。通过完整数据的模型处理，得出的会员等级更加清晰，每一个客户的关系程度更加精准，最后对于不同的会员等级提供差异的购物权益和服务，最终实现了20%的高价值会员贡献80%的销售目标，高价值会员得以留住。以上成果，便是建立基于SCRM的业务中台，实现各部门共享客户关系的管理模块。

图2-57介绍了各渠道终端与业务管理中台的业务逻辑结构。

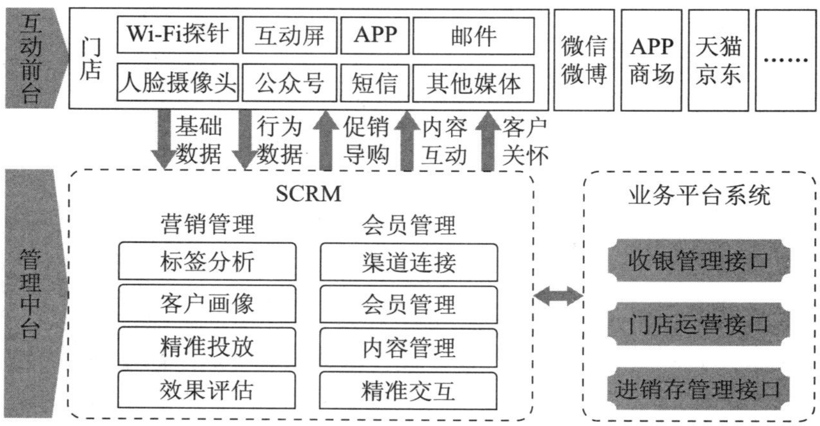

图2-57　业务中台架构

作为与客户互动的渠道终端，无论是线下门店，还是市场部负责的微信、微博，或者是电商渠道部负责的天猫、京东，在与客户互动过程中，都离不开“营销管理”和“会员管理”两大功能。如果按照传统的IT支撑方式，各个部门提需求，则会导致每个部门都有自己的系统，每套系统都包含这两块功能，导致重复建设和数据孤岛问题，形成“烟囱式开发”。因此，我们为客户统一规划了SCRM系统，将各渠道终端相同的功能需求，统一汇总到“业务管理中台”，如图2-57所示：营销管理模块中，包括标签分析、客户画像、精准投放和效果评估功能。会员管理有渠道连接、会员管理、内容管理和精准交互功能。并且，该系统还与公司现有的业务平台系统打通，对接收银管理接口、门店运营接口及进销存管理接口。

第七节 数据驱动力

近年来，随着大数据概念的提出，企业逐渐认识了数据的重要性。IDC（国际数据公司）对大数据的理解为：大数据处理技术代表了新一代的技术架构，这种架构通过高速获取数据并对其进行分析和挖掘，从海量形式各异的数据源中更有效地抽取出富含价值的信息。关于大数据的应用，当下的企业不是考虑要不要应用的问题，而是要思考如何根据自身企业的发展战略、营销规划和产品策略更好地发挥大数据技术能力，带来企业竞争力的增强、企业利润的增加和客户忠诚度的提升。2017 年 7 月，易观联合德勤发布“第四张报表”产品，“第四张报表”是通过关注企业在运营过程中的数字资产，从用户数据分析、渠道数据分析和产品数据分析，使企业在竞争营销、提升用户价值和延长用户生命周期上有科学的数字依据，通过数字化的运营提升企业竞争力。未来企业价值的评估除了传统的财务三大报表，即利润表、现金流量表、资产负债表外，数字资产将成为“第四张报表”。由此，我们可以看到，以数据驱动的企业运营时代已经到来。

企业将从这些新的数据中获取新的洞察力，并将其与已知业务的各个细节融合，对企业产生新的价值。可以说，数据就像血液，贯穿于企业的全身，帮助企业各个单元更有效地运营。本模块中，我们将更关注数据如何驱动新零售运营。

一、企业在建立数据资产中存在的问题

数据孤立：在“业务共享力”模块中，我们介绍了因为“烟囱式”开发，导致企业内部系统林立，数据被分散到各个系统中，比如同样是

会员数据，散落在电商部门、营销部门、服务部门、销售门店，为了收集完整的会员数据，需要向不同部门要数据，这为后期的数据整理带来巨大的工作量。

数据质量不高：因为企业缺少对数据的收集意识，或者在收集中存在重要数据遗漏的情况，导致数据不够完整；同时，企业各部门对数据的定义口径和推导模型不同，进一步加剧了数据质量低下的问题。

数据应用能力不够：很多企业将数据简单应用在销售报表上，制作周报和月报，通报当前的经营状况。他们不知道数据如何帮助营销？数据如何提升产品吸引力？数据如何服务客户？

除此之外，还有：

缺乏面向整个公司的统一、完整的数据视图；

缺乏支撑公司日常业务运转的业务监测、评估体系；

缺乏客户 360 度视图，导致客户行为分析和预测无法实现；

缺乏面向公司业务运营管理的关键绩效指标体系；

……

这里，本书准备了表 2-13，可以简单评估一下当前企业的数据能力成熟度。

表 2-13　企业数据能力分层级定义

成熟度	描述
初始级	数据需求的管理主要在项目级体现，没有统一的管理流程，被动式管理
受管理级	组织已经意识到数据作为资产的价值，根据管理策略制订了相应管理流程
已定义级	数据已被当成组织实现绩效目标的重要资产，组织层面制订了一系列的标准化管理流程
量化管理级	数据被认为是获取企业竞争优势的重要资源，数据管理效率能够进行量化分析和监控
优化级	数据被认为是组织生存的基础，管理流程能够实时优化，能够在行业内进行最佳实践分享

目前，大多数企业还处于“初始级”，企业对数据资产管理的紧迫性不足，没有专门制订数据资产的管理方法和流程。

二、数据产品催生商家数据意识

好在传统企业在这10年的电商平台销售过程中，逐渐培养出数据驱动店铺运营的认识和习惯，比如天猫商家感受到利用数据魔方、生意经这类数据化产品应用的好处，借助数据产品建立了监控、评估和规划的流程体系。利用数据规划流量、分析转化、优化商品结构、优化页面、数据测图、数据测款和动态调整营销策略。不仅于此，随着“全域营销”概念的提出，数据的应用从平台之内的“小数据”，真正向消费者为中心的“全数据”扩展。

2017年4月24日，阿里巴巴在“新网商营销大会”上提出了“全域营销”的概念，这是以数据为能源，实现全链路、全媒体、全数据、全渠道的一种智能营销方式。简单说，就是“在消费者所能接触的全域范围内，利用数据驱动营销”。接着，在贯彻这样的理念上，2017年6月7日，阿里巴巴集团正式发布服务于品牌商家的消费者数据资产管理中心——品牌数据银行（Brand Databank），该中心帮助品牌商家建立全面的消费者数据资产管理。借助该产品，品牌商家可以融合企业自有数据、CRM、电商数据、广告数据、媒体数据及阿里巴巴生态里社交属性数据（微博、陌陌、商品评论等），打通一个个的“数据孤岛”，实时融合成商家自己的消费者数据资产。此举真正把数据能力开放出来，并且通过平台化、产品化的方式赋能品牌商家。

在互联网平台的赋能下，传统品牌企业的数据能力成熟度又向前迈进一步。除此之外，国内还出现了若干像易观国际、百分点、神策数据这类的数据公司。

（一）易观国际

易观国际是中国领先的大数据分析公司，公司成立 18 年以来，形成了以海量数字用户资产及算法模型为核心的大数据分析工具、产品及解决方案，帮助企业高效管理数字用户资产和对产品进行精细化运营，有效升级业务，从而实现收入增长、成本降低和效率提升。易观国际产品家族包括易观千帆、易观方舟及行业解决方案。截至 2018 年 3 月 31 日，易观国际覆盖 22.9 亿个智能终端及 5.8 亿位用户。

（二）百分点

百分点作为国内领先的大数据智能场景解决方案提供商，专注于大数据操作系统、智能认知产品及智能决策应用场景的搭建，使企业能高效、便捷地进行数据资产管理和价值实现。其产品包括智能全媒体服务系统、智能营销系统、舆情洞察系统、智能消费者洞察系统等。数据赋能的领域涵盖金融、制造、公共事务、媒体出版、能源、交通、零售、电商等多个行业，目前上万家企业通过该系统实现了数据化运营。

（三）神策数据

神策数据是一家专业的大数据分析服务公司，为企业提供深度用户行为分析平台及专业的咨询服务和行业解决方案，致力于帮助客户实现数据驱动。公司在大数据领域积累的核心关键技术，包括海量数据采集、存储、清洗、分析挖掘、可视化、智能应用、安全与隐私保护等。数据赋能的领域包括以互联网、金融、零售快消、加工制造等为代表的十多个主要行业。

三、方法论：数据驱动“人、货、场”及关键分析指标

综合各家数据化产品的应用范围，我用一张图清晰地告诉大家当前数据可支持的范围及企业在数据驱动中的获益，具体如图 2-58。

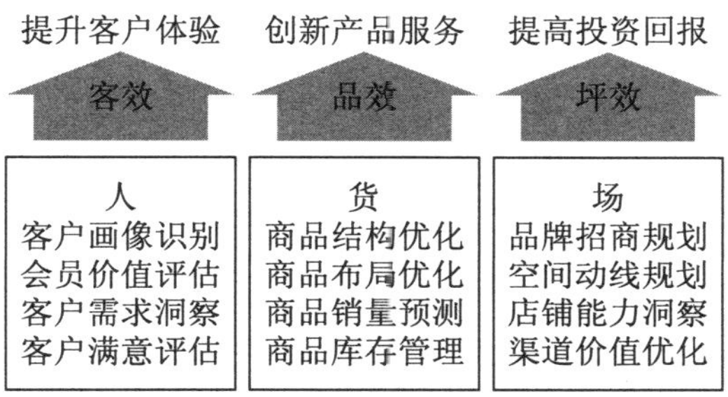

图 2-58　数据支持范围及价值

通过对“人”的数字化改造提升“客效”，我们将能清晰洞察消费者，帮助企业知道顾客是谁、有什么偏好、什么时候来、他们在哪，从而为消费者提供差异化的服务与产品，提升消费者体验；对“货”的数字化改造提升“品效”，能更加精准地迎合消费者的需求，匹配高价值的产品供给，帮助企业知道卖什么、卖多少、怎么卖、赚多少，从而提升店铺的动销能力，实现企业的产品服务创新；对“场”的数字化改造提升“坪效”，优化渠道布局、调整商品陈列、制定客户动线，帮助企业选择终端业态和销售渠道，进而提高投资回报。后续，我也将根据“人、货、场”依次展开分析。

（一）数据驱动“人”

围绕“5W+1H”，即谁（Who）、在什么时间（When）、在什么地点（Where）、做了什么事情（What）、他为什么要做（Why）、他是如何做的（How），全面获取用户行为数据。这类用户数据将帮助我们识别客户、洞察客户关系、分析购买决策，具体如下：

1. 识别客户

在“新零售落地画布”的第一个模块“营销数字化”中，我们介绍了通过建立客户标签体系，为消费者画像。客户的数据标签越完整，客户的识别度也就越高。客户识别包含个体和群体两个对象。

a. 个体识别：了解单个消费者的画像，其中包括人口属性、购物场景、信用评分、浏览场景、兴趣关注、位置信息等，你试想一下，客户一旦走入店中，店员就能在第一时间了解客户各方面的信息，然后开展差异化的服务营销工作。再或者，客户走到电子屏幕前，看到的是近期关注的商品，这背后都是系统的“个体识别”功能，然后实施“千人千面”的营销服务。客户体验得到提升，商家的服务成本也得到降低，如图 2-59 所示。

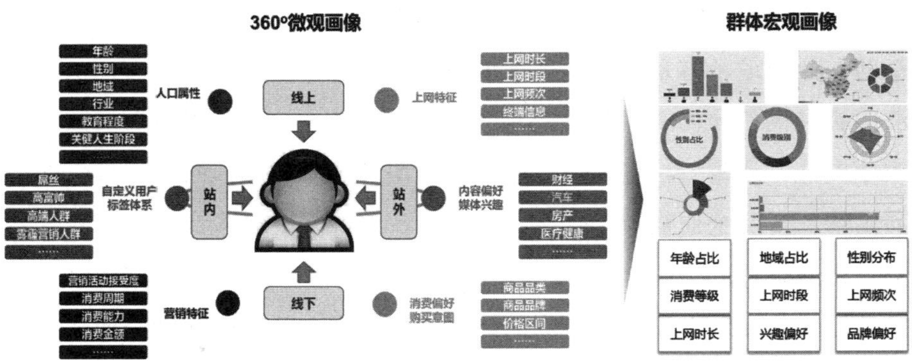

图 2-59　客户标签识别

b. 群体识别：看到商家品牌对应的群体在各个维度的分布状况。商家对客户群体特征的了解，将有助于制订整体的营销计划，选择合适的地点、合适的人群、合适的渠道，投放他们喜欢的商品或内容，从而更精准地覆盖客户群体，成本投入也得到降低，如图 2-60 所示。

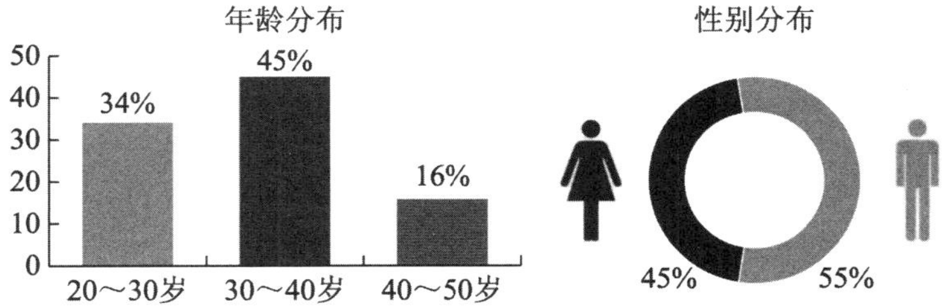

图 2-60　群体特征区间分布

2. 洞察客户关系

在“新零售落地画布”的第二个模块“关系数字化”中，介绍了客户“浅、黏、深、铁”4 种关系类型，对应的客户动作分别为连接认知—品牌互动—商品交易—分享推荐，于是问题来了，如何界定客户发生了“连接认知”行为、“品牌互动”行为？这一系列客户行为事件，都需要被量化，而量化的基础便是客户数据。另外，在“关系数字化”中，我们介绍了衡量客户价值的“购买力”和“影响力”模型，同样的问题，如何界定客户的购买力，如何界定客户的影响力呢？两个“力”同样需要被量化，这也需要以客户的数据来做支撑。我们只有根据关系模型里的指标参数，有目的地收集用户数据，才能分清楚客户关系等级，如表 2-14 所示。

表 2-14　数据化的客户行为

客　户	收集数据（依据购买力和影响力模型参数）	关系界定
A 客户	购买力：2 个月内购买过，累计购买 7 次，累计购入 1763 元 影响力：点赞 13 次，公众号文章好评 12 条，分享转发 9 次	铁关系
B 客户	购买力：3 个月内购买过，累计购买 5 次，累计购入 1338 元 影响力：点赞 2 次，公众号文章好评 3 条，分享转发 1 次	深关系
C 客户	购买力：尚未购买 影响力：点赞 3 次，公众号文章好评 1 条，分享转发 2 次	浅关系

3. 分析购买决策

将消费者购买决策中考虑的各种因素进行量化，收集量化数据形成可分析的研判模型，如下所示。

a. 停留客户中购买商品的比率分析：该数据是店铺招商、商品陈列调整、关联商品调整及判断商品结构是否存在问题的重要依据；

b. 未购买行为分析：该数据对后续商品质量提升、服务体验改善、商品定价等提供参考依据；

c. 触摸率、试穿率、使用率等：这些判断消费者和商品的接触比率，用来反映商品的被关注程度，一般来说商品的触摸率和成交数量成正比；

这里，本书列举了消费者购买决策的相关因素，供参考。将这些决策因子进行量化，然后采集相关数据做综合分析，将能有效提升客户的购买率和客单价，如表 2-15 所示。

表 2-15　决策要素分析

分析对象	分析内容
人	店员销售技巧、店员服务态度、新员工比例、员工满意度
货	商品陈列、商品包装、是否有促销活动、是否有赠品、是否缺货断货、是否应季、是否限量、是否有抵扣券、是否有礼品卡
场	空间面积（拥挤度）、支付方式、场地氛围（背景音乐、香味、卫生）、闭店信号
情感因素	从众心理、焦虑感、激动高兴、尊贵体验
时间因素	节假日、生日、品牌季、早中晚

（二）数据驱动“货”

对商品、销量、价格、库存、订单等在不同应用场景中产生的海量数据进行分析，实现商品品类的管理、销售预测、动态定价、促销安排、自动补货、安全库存设定、仓店和店店之间的商品调拨、供应计划排程及物流计划制订，等等。阿里巴巴零售通和京东新通路通过智慧门店系统，帮助线下的实体商家选款就是典型的应用。系统打通了线上和线下商品销售数据，消费者在线上商城的交易数据和线下实体店的消费数据融为一体，可以清楚知道哪些商品好卖，然后推荐给系统加盟商家进行销售。具体应用包括如下几点：

1. 商品结构优化

a. 单店智慧选品：借助数据分析，把销售量大的受欢迎商品放在店铺货架第一排，分析出某区域最受欢迎的品牌、款式等，降低选品门槛，从品牌池中选择符合店铺定位的商品；

b. 多店商品选型：针对有多个店铺的商家，如商场、超市（自营+他营）、百货公司，提供各个店铺之间的商品结构建议，合理分配各区域、各店铺之间的商品结构关系，提升商家整体的销售业绩。

2. 商品布局优化

a. 货架级陈列：通过商品的关联性销售分析，改变了店铺的商品陈列方式，将关联性强的商品放在一起销售，多重维度的组合建立起场景式营销的购物体验；

b. 店铺级陈列：分析消费者的消费动线，优化整个店铺的商品布局。

3. 商品销量预测

a. 店铺级销量预测：分析近年店铺的整体销售额 / 销售量，对比行业标准，从而分析店铺的整体经营状况，并判断店铺经营的业绩变化趋势；

b. 商品级销量预测：分析商品结构，了解整体商品布局及整体销售表现，尤其检索重点商品的销售表现，如销售量、销售变动，进而判断整体商品和重点商品的销售趋势。

4. 智能定价

a. 通过总体价格结构分析，了解优势价格区间，提供价格的合理性调整建议；

b. 寻找主导价位，分析主导价位区间的销售趋势、商品构成特点、成长空间。

5. 商品库存管理

a. 对商品库存进行分析，包括滞销、正常、慢销、不动销、库存周转率、库存金额等；

b. 对商品的补货时间、补货批次提出推荐方案，以及推荐清理呆滞库存解决方案。

（三）数据驱动“场”

1. 区域分析

分析指定区域的销售表现，尤其针对重点销售区域的分析。从综合数据上发现销售异动，并进一步对造成销售异动的关键要素进行解析，并与同区域或跨区域的店铺横向比较，找准优势和劣势，从而制订改善计划。

2. 智慧选址及招商

分析区域的整体人群属性（人口规模、年龄、性别、收入、阶层、工作、品牌偏好……），根据选址模型，选择合适区域作零售终端布点；根据消费偏好模型，进行选择性的品牌招商，优化商品类、服务类、休闲类、体验类、文化类等功能布局。

3. 客流分析制定客户动线

对店内顾客从进入卖场直到走出卖场的实际行走轨迹，进行科学的测量、图示和分析，进而有效地改善卖场布局，促进和增加销售达成，有以下几点：

a. 通过率：通过客户的数量、客群构成；

b. 进店率：进店的客群构成；

c. 停留率：停留时间、停留区域、接待时长；

d. 购买率：客单价、商品数、连带销售率、成交时长。

另外，动线的分析也可应用于商品品类管理、价格带调整、店铺生动化设计等门店运营方面。

四、成功要素：经营分析、客户分析、商品分析、场区分析

具体如表 2-16 所示。

表 2-16 数据分析的关键要素

关键要素	要素描述
经营分析	对店铺进行整体经营分析，了解客户、客流及商品的整体销售情况，找出问题和原因，为未来经营给出预测
客户分析	洞察客户，了解客户画像、进店、停留、偏好、购买和离开等各项数据，为客户营销和店铺优化提供数据支持
商品分析	收集商品数据，提供商品结构优化、商品布局优化、商品销量预测和商品库存管理
场区分析	能够进行区域总体分析、重点区域分析、区域销售异动分析和区域品类分析

五、案例分析

案例 基于用户行为数据分析，优化电信网上营业厅陈列布局

网站的布局优化和实体店铺的布局优化，其本质都是基于用户行为数据，让用户在最短的时间内，用最小的力气，购买到最想要的商品。互联网凭借其天生的数据化能力，在网站布局上，相对实体店铺对数据的应用更深，我特地总结自己做过的“电信网上营业厅”项目经验，告诉大家我是如何借助用户行为分析来优化网站首页的。

网站首页该放点什么？这些内容该如何布局？首页左边重要还是右边重要？我想很多人都会遇到这些问题。即使一个简单地把图片放左边

和放右边，对网站的转化率都有影响，因此，我们需要一套方法来设计自己网站布局。接下来我将讲解如何基于用户行为数据，优化网站布局。

《结网：互联网产品经理改变世界》一书提到用户体验就是：别让用户等！别让用户想！别让用户烦！谷歌做过一个尝试，页面显示 10 条搜索结果，载入要 0.4 秒；而页面显现 30 条搜索结果，载入要 0.9 秒，后者 30 条搜索结果的页面应用，使得谷歌总的流量和收入削减了 20%。可见，不要让用户等待有多么重要。你需要快速地将用户需要的信息呈现给用户，也就是缩短完成路径就是帮用户偷懒。就好比客户带着目的去商场购物，你需要帮助用户以最短的路径、最快的时间、最方便的流程让客户完成购物，帮客户偷懒。

我个人如何界定布局思想的？

上面提到的专家观点，其中一个假设是：用户强烈需要使用最快捷的方式实现自己的需求。基于这个假设，我个人总结出的布局理念是：在最短路径，放置用户最需要的东西。这句话有三个关键点：用户、最短路径、最需要。我们需要解决三个问题：

1. 用户是谁？——洞察你的消费者

你的网站是给谁使用的，企业内部用户（员工、领导）？企业外部用户（消费者、合作商、应聘者）？

2. 他们有哪些需要？——了解客户需求

“需要”其实就是一场利益的博弈，“用户第一”还是“领导第一”，不同企业有不同情况。了解需求同样可以使用调研手段：焦点小组、深度访谈、二手资料，等等。用户的需要包括企业资质、企业产品信息、产品优惠信息、购买决策信息、线上交易、线上售后；企业领导的需求包括某项产品的线上推广指标、企业产品的对外发布、领导某项工作业绩的展示等。

3. 何为最短路径？——了解布局陈列

网站的布局，即跟随用户的视线路径来布局。较多的是引用网站设计工程师杰柯伯·尼尔森在2006年4月发表的《眼睛轨迹的研究》报告，报告指出人们大多不由自主地以“F”字母形状的模式来阅读网页。

首先，读者的眼睛是水平运动，常常是扫过网页内容的最上半部分。这样就形成了一条横向的运动轨迹。这是F字母的第一条横线。

然后，读者的眼光略微下移，很典型地扫描比第一步范围较短的区域。这就又画了F字母中的第二条横线。

最后，读者朝网页左边的部分进行垂直扫描。有时候，这个举动很慢而且很有系统性，这样就画了F字母中的一条竖线。

视线轨迹如图2-61所示。

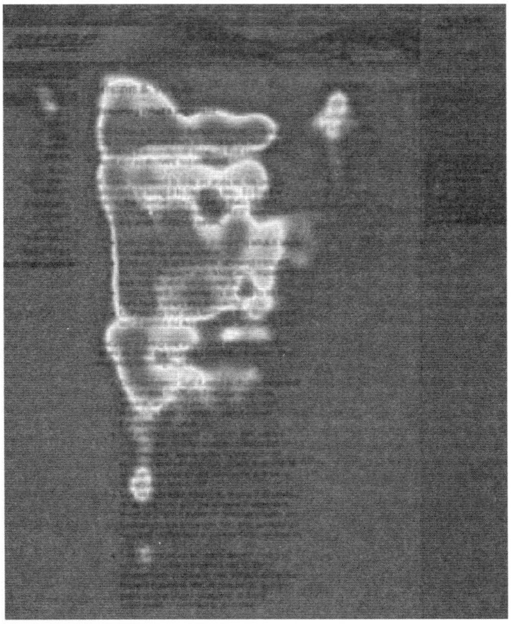

图 2-61　眼球路径热力图

下面，以“电信网上营业厅”首页为例说明布局。

步骤1：确定用户是谁

为了简化，我们以“消费用户”作为网站用户。

步骤2：确定用户的需要

通过调研，了解用户访问网站的主要目的，比如了解最新产品、业务办理、充值缴费，如图2-62所示。

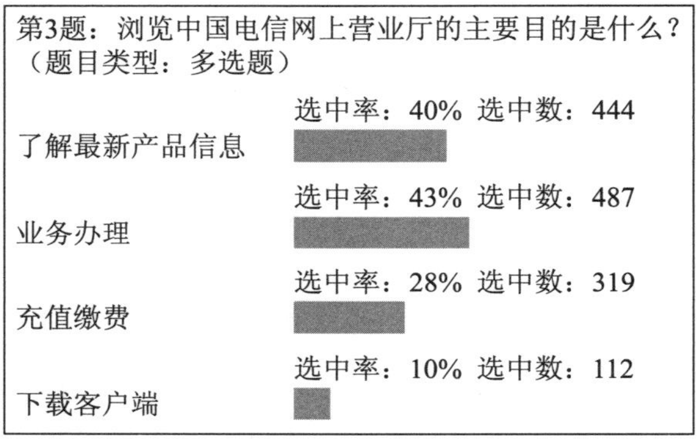

图2-62　用户访问目的调研

借助数据分析工具，查询用户对页面按钮的点击量：账单查询，如图2-63所示。

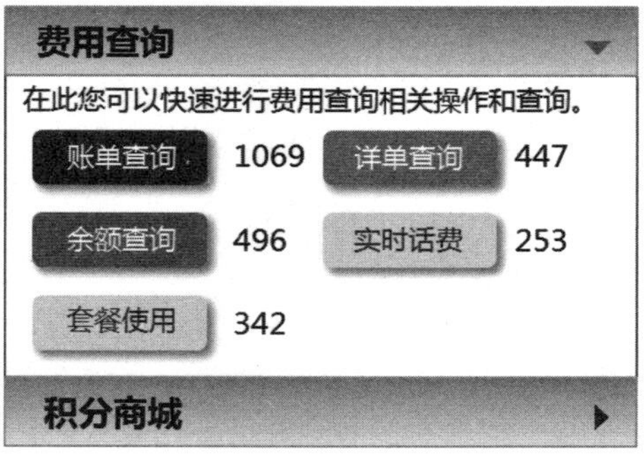

图2-63　页面交互数据

通过以上两个图的举例，我们可以看到用户的需求顺序大致为：

1. 了解优惠活动或产品资费；

2. 话费账单查询服务；

3. 充值缴费；

4. 终端购买；

5. 业务申请受理服务；

6. 网上客服与投诉。

步骤 3：确定页面焦点

使用《眼睛轨迹的研究》介绍的 F 形态阅读轨迹，可以认为网站首页的阅读焦点分布如图 2-64 所示。

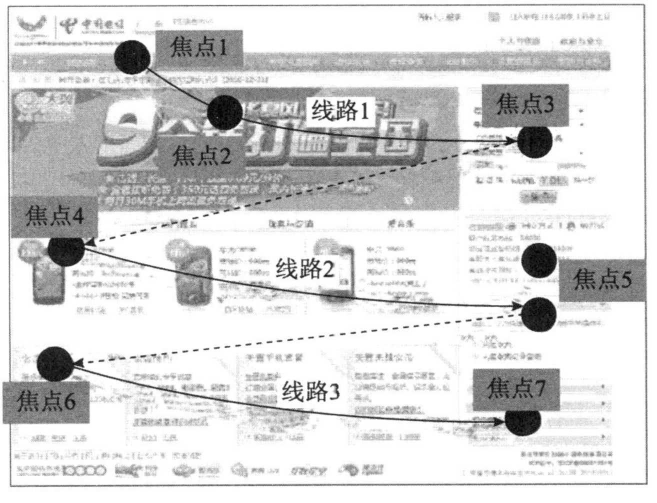

图 2-64　页面视觉路径和焦点

如图 2-64 所示，焦点 1 到焦点 7，用户视线路径从短到长，因此，剩下的就是将用户最需要的内容放在最短的路径上，越重要的放在越短的路径上。

◆ **步骤4：对比首页现状，提出改善建议，如表2-17所示。**

表2-17　改善建议

焦　点	现　　状	改善后
1	导航栏	优化导航栏
2	促销展示	优化促销展示，凸显好处
3	登录区	增加充值缴费及账单查询
4	终端促销	保持不变
5	话费及业务办理、网上申诉	优化布局
6	重点业务推荐	保持不变
7	业务办理、帮助支持	保持不变

综上，首页布局上，基于数据分析“在最短路径上，放置用户最需要的东西”，让用户轻松找到想要的，是提升用户体验的宗旨。

第三章 画布应用路线

读完前面讲述的七大模块，哪些模块是你急需升级的呢？“营销数字化”“关系数字化”对你更加重要？还是“场景体验力”“产品吸引力”更加重要呢？再或者，是否应该从技术底层先建立起“业务共享力”和“数据驱动力”呢？为了帮助你回答这些问题，本章节介绍升级的三条路线：数字化改造路线、体验升级路线、模式创新路线，难度也依次增加。

我将零售升级的路线用图 3-1 描述出来。纵轴是体验优化，对应的方案是“路线二：体验升级”，强调升级用户体验，包括场景体验和产品体验，进而让客户满意；横轴是精简成本和提升效率，对应的方案是“路线一：数字化改造”，引入 IT 技术将客户的运营场景全面数字化，实现降本增效；而居于两者中间的是“路线三：模式创新”，强调对外输出先进的数字和体验方案，对行业、企业或者个人赋能，帮助他们升级。传统零售的体验、成本和效率处于左下角的斜线区域内，我们要做的是通过升级，帮传统零售迈出“舒适区”。

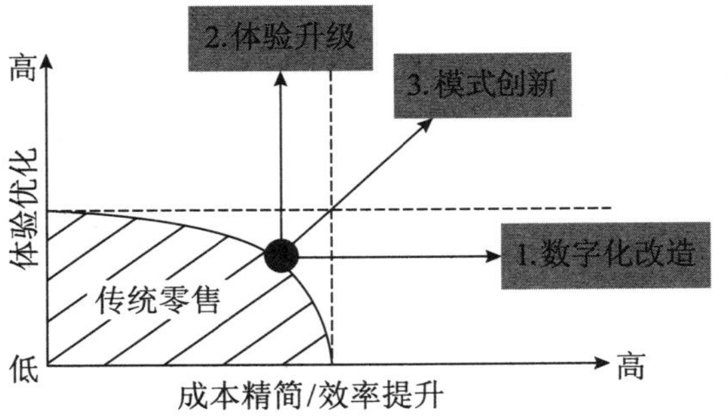

图 3-1　零售升级的三条路线

第一节　路线一：数字化改造

一、升级关键

对营销、会员关系管理及门店运营进行全面数字化改造，让它变得更加智能化。

二、对应画布模块

营销数字化、关系数字化、门店数字化。

三、画布应用案例

案例1　某著名美妆品牌数字化营销实现业绩倍增

互动派的SCRM系统，是我在广州的主要的IT合作商，服务过澳贝玩具、娇兰佳人、美的家电、新希望等著名品牌。这里，我讲讲曾经做过的某著名美妆品牌。

该美妆品牌公司主营美妆产品，拥有多个上市产品品牌。总部位于广州，旗下8个分公司遍布全国各地，并且都有会员数据系统，自2016年初合作以来，当时该品牌在全国各地有门店1 100多家，实体会员卡持卡人数超1 300万，公众号粉丝仅有80多万，线上会员为零。

合作之初，我们经过深入的调研分析，并与该公司管理层探讨总结出他们面临的难题：

1. 8家分公司分布在全国各地，并且各个分公司数据割裂，如何有效统一管理数据？

2. 品牌与用户互动停留在线下门店，如何聚合线上线下流量打造品牌自流量入口？

3. 缺乏有效的营销方式，如何提升会员活跃与留存？

4. 各个区域门店经营数据收集延时，如何实时了解线下门店经营情况？

5. 用户数据贫乏，如何收集更多信息，更好地服务销售者？

6. 各个分公司内容分散，如何统一管理官方内容，精准投放合适的内容？

我们根据该品牌公司面临的难题，引入SCRM系统，为其提供切实可行的解决方案，该方案分为四个阶段。

第一阶段：通过SCRM系统，统一官方公众号，整合8家分公司数据，给全国各地的门店派发门店专属二维码。

统一官方公众号，把这8家分公司公众号上的粉丝集中到总公司的公众号上面来，从而实现了粉丝的集中运营，提高了管理的效率。渠道整合完毕，下一步就是整合8家分公司所有会员线的骨干数据，将数据整合进SCRM系统中，构建一个统一的会员身份ID和会员管理体系，包含会员数据（手机号、姓名、性别等会员基本数据）、消费数据（会员卡、消费金额、积分数据等会员消费数据）及其他数据。

会员身份ID统一后，接下来要做就是如何实现引导会员注册，打造自己品牌的流量入口，我们的做法是利用SCRM系统的生成“导流二维码”功能，给全国所有门店铺设专属二维码，通过优惠信息吸引广大新用户关注。用户到品牌门店进行消费，门店导购引导用户关注统一的品牌公众号，用户通过门店专属二维码扫描关注品牌公众号，用户关注公众号后立刻获得100积分，并可立即在门店兑换礼品，借助公众号，用户还可以获得更多的优惠信息。

经过第一阶段的实施与运作，截至2018年5月，通过门店渠道引流关注的粉丝人数已经超过300万人，日均新增关注的粉丝也已经超过1万人，通过门店引流的粉丝，粉丝与品牌产生连接的留存率已经超过70%。

第二阶段：放弃传统实体会员卡，转为虚拟电子会员卡，建立完善的会员积分体系。

基于SCRM系统的电子会员卡取代传统实体会员卡，能够统一会员入口，充分发挥电子会员卡积分、优惠券、个人资料、快捷支付、附近门店功能，从而有效提升用户体验。

电子会员卡天生就有引流的功能。SCRM系统中持续开发了多款H5互动游戏（线上老虎机、多卡族生活小调查、电子会员刮刮卡等），该品牌向公众号、微信群推送H5游戏，促进用户活跃，从而实现从新用户到会员的转化。

搭建会员积分体系，有效促进用户活跃与留存。在SCRM系统中定义积分获取渠道（注册、分享、点赞、签到、线下消费等），然后明确积分消耗渠道（积分商城、抽奖、互动、限时消费、线上线下消费等）。

本阶段关键是引导消费客户注册自己的会员信息。当用户再次来到品牌门店进行消费，导购引导用户注册电子会员卡，用户完善电子会员卡信息并完成注册后，会员可以立即获得100积分和10元优惠券，会员可以在门店立即使用积分兑换礼品，使用优惠券来购买商品。

经过第二阶段的实施与运作，截至2018年5月，通过电子会员卡注册的会员已经超过500万，相较于服务号580多万的粉丝基础，电子会员的渗透率达86.9%。而且绝大部分的用户是新注册的电子会员，占比90.8%；只有少量用户是绑定以往的旧实体卡，占比9.2%，电子会员用户数月增长量超过19万。

- **第三阶段：搭建积分商城，构建会员营销体系，发展适合自己并且有效的秒杀活动。**

基于SCRM系统，有效利用积分体系，实现会员营销。首先，聚焦线下门店，以线上引流到线下店从而实现销售为主。具体做法是：通过线上积分兑换优惠券到线下门店换取礼品，从而有效刺激消费者到线下再次消费，提高线下的销售额。利用积分刺激持续消费，促使销售额累加。

然后，聚焦线上线下，同时发力。借助SCRM系统提供的各种活动模板，设置丰富的线上营销活动，引导用户到实体店消费，实现销售转化。比如秒杀活动，通过秒杀兑换券形式，引流用户回到线下门店产生复购，带来销售转化。秒杀类活动阅读量高，关于秒杀类的活动推文，基本都能超过10万。SCRM系统后台能够查询详细的活动数据，掌握活动的精确效果。

经过第三阶段的实施与运作，截至2018年5月，积分商城消耗积分超过3 000万，通过门店使用优惠券方式，引流超过40万会员到店消费。秒杀活动上线后，产生超过10万订单量，销售金额超400万。

- **第四阶段：基于会员数据，实现内容的运营和精准投放。**

经过以上几个阶段会员数据的积累，我们就能进行内容和营销的精准触达了。借助SCRM系统，选定群发对象，按用户标签、用户分组等方式精准定位群发人群，选择对应人群的内容素材，设置发布的排期，内容精准触达用户，从而有效提升转化。

另外，为配合“微社区”上线，服务号菜单栏的布局作了相应调整，整合为活动、会员和社区三大版块，粉丝可直达社区。公众号推文与微社区官方帖相辅相成，互为补足，活动得到全方面的推广，粉丝获取信息更为便捷。打造特色社区圈子，让粉丝抱团交流和分享，并同步深度挖掘和培养KOL（关键意见领袖），同时留存用户言论行为数据。

结合日常运营和大数据分析，我们从海量用户中筛选出活跃、内容质量高的KOL，并根据其属性赋予不同类别的红人称号（如红人大咖、分享家、好评达人等）。以此为基础创建社群体系，集中优质用户，让KOL充当品牌与用户之间的“活性剂”，以红人效应激活用户群，让更多沉默的人“活”起来。我们只需对其进行管理，就可轻松贴近用户，更好地运营我们的粉丝经济。

经过第四阶段的实施与运作，截至2018年5月，服务号推送的文章，契合节庆节日、秒杀活动、产品推荐等维度，阅读量几乎篇篇10万以上，单篇最高阅读量超30万，累积阅读人数超过2000万以上。其中，2017年累积阅读次数较2016年增长209万，增长率为21.1%。

目前，SCRM系统在该品牌的全国2300多家门店得到应用。电子会员卡超500多万，公众号粉丝达580多万，会员转化率87%，最终实现了渠道统一。下发门店二维码，为后续营销活动提供流量入口；取代实体卡，引流用户成为线上会员，定义积分体系为营销打下基础；利用积分商城、秒杀等一系列渠道，通过“积分＋优惠券”模式，形成线上线下营销闭环；微社区增强品牌文化输出，同时完善用户画像，更精确的推送提高营销、个性化服务效果。

附：SCRM系统的功能与架构

1. 功能列表，如图3-2所示。

推广工具	交易工具	互动工具	老带新工具	数据分析工具
物料二维码 专属二维码 互动推广 H5活动模板	服务预订 商城交易 客户咨询 团购 电子会员卡 会员与积分 积分商城 免费体验	资讯发布 活动报名 问卷调查 微社区/论坛	分享积分 邀请积分 培养KOL 社会化分销 朋友券	用户画像 精准营销 会员发展分析 服务交易分析 传播触达分析

图3-2　系统功能视图

2. 功能详解，具体如表 3-1 所示。

表 3-1 功能详解

推广工具	
物料二维码	企业用于宣传商品，展示活动的二维码。用户手机扫码，可直接进入活动页面或者服务详情页
专属二维码	当新用户扫码关注企业的公众号后，系统能够追踪用户的渠道来源（销售员、门店、合作渠道……），精准统计各渠道导流贡献，并实时反馈到渠道方的手机端
互动推广	● 手机与电视屏的互动，客户看电视，使用微信摇一摇，参与活动互动； ● 手机与大会现场的互动，客户参加论坛大会，使用微信摇一摇，参与现场活动互动
H5 活动模板	企业套用活动模板，快速生成游戏，如助力型游戏、节日型游戏、行业型游戏、竞技型游戏等
交易工具	
服务预订	● 支持服务项目上下架、服务资源管理、服务项目排程； ● 支持微信支付、账户支付、卡券支付； ● 前后台预订订单状态更新、模板消息通知
商城交易	● 支持商品 / 服务编辑、商品 / 服务上下架、商品置顶、商品推广； ● 支持商城的页面装修、商品分类设置、商品服务详情编辑、商品运费模板； ● 支付方式支持微信支付、账户支付、卡券支付
客服咨询	提供个性化客服，能查看咨询客户的画像信息
团购 / 秒杀	能够发起团购 / 秒杀活动
电子会员卡	替代常规会员卡，一键完成会员卡所有功能，积分、兑换、优惠券领取、核销、积分消费、微信支付，提高用户体验，提供便捷的生活服务
积分规则	能够设置客户获取积分的渠道（注册、分享、点赞、阅读、签到……）
积分商城	客户能够在商城中使用积分兑换商品
免费体验	能够生成免费体验活动，如发放体验样品、发起线下体验活动
互动工具	
资讯发布	● 支持图文、H5、视频、表单 4 种类型的内容发布； ● 能够跟踪资讯的阅读数据

续表

	互动工具
活动报名	● 企业能够发起线下活动； ● 支持客户线上缴费功能； ● 为客户提供活动地点的地图导航； ● 支持客户活动扫码签到
问卷调查	● 可生成调研表单，企业自行设计调研问卷； ● 可指定派发人群； ● 可统计调研结果
微社区、论坛	基于微信生成微社区，供客户分享交流
“老带新”工具	
分享积分 邀请积分	用户按照分享结果产生的积分，如分享后带来新用户数、分享后阅读人数、分享后活动参加人数、分享后提交问卷人数、邀请好友关注人数、好友产生交易
挖掘 KOL（关键意见领袖）	● 依据活动参与 / 转发 / 邀请积分排名，发现 KOL； ● 依据用户关系链中用户分享带来下级用户数及其转化率发现 KOL
社会化分销	● 定义分销商角色：个人（顾客、员工、微商、大 V）、合作方网站、合作方微信公众号、线下合作机构（张贴二维码）； ● 分销佣金设置和返佣结算管理
朋友券	用户领券后，可在自己的微信卡包上看到该券，并可在商城中消费使用
数据分析工具	
用户画像	● 能够查阅客户的个人属性、消费属性、兴趣属性、活跃度属性、关系属性、购物属性等内容； ● 能够通过用户行为动作、行为频次和行为内容设置标签
精准营销	能够定向推送人群，选择推送内容，并指定群发时间、频次和渠道，实现精准营销
会员发展分析	● 分析不同类型的用户按时间轴增长的情况； ● 分析重点用户分享带来新用户的情况
服务交易分析	按交易额、交易时间、用户类型、商品分类进行分析
传播触达分析	按物料类型，分析触达的新用户数量分布

3. 基础系统架构，具体如图 3-3 所示。

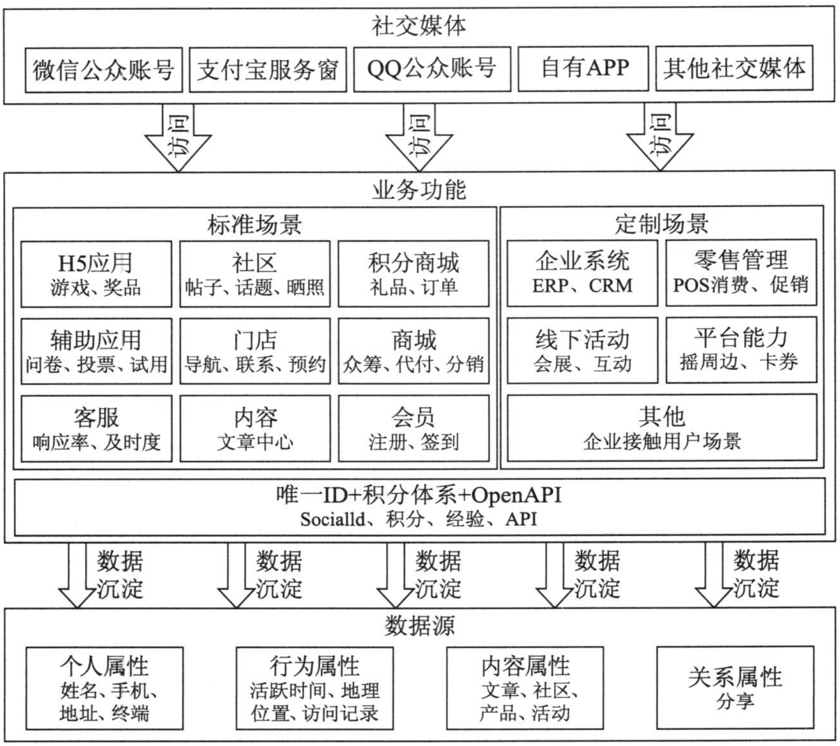

图 3-3 系统架构图

案例 2 美食乐烘焙打造智慧门店

金蝶云是我的合作伙伴之一，接下来我将介绍一个金蝶云打造的食品智慧门店案例。美食乐公司始建于1988年，是一家专业生产面包、蛋糕、月饼、粽子、汤圆等产品的大型食品公司，公司总部位于大庆市。22年来，公司坚持走专业化、品牌化的发展道路，并确定了自有的销售渠道——连锁经营，经营规模不断扩大，总公司占地6 000平方米，拥有4 000平方米的现代化生产厂房。公司自2002年进行连锁化经营以来，在大庆各个重要的商业区、居民区开设自营专卖店与代销店，截至2009年年底，共开设自营专卖店36家，代销店107家，使顾客无论到哪里都能够买到美食乐的产品，有了这样的销售网络，使得公司月饼类产品自1997年至2009年始终占大庆市场75%以上的销售份额。金蝶云连锁零售项目，首期已成功上线38家门店。

美食乐痛点

1. 原零售门店系统，产品架构无法满足未来门店数量快速扩张的管理需求；

2. 随着销售渠道的拓展，需要在线上线下实现，批发兼零售的全渠道一体化管理；

3. 会员变得越来越重要，需要多渠道引流，实现全网的会员管理、会员营销等；

4. 原系统无法实现财务、业务、生产的一体业务运作，导致形成信息孤岛，严重影响日常业务运作。

金蝶云帮助实现价值

1. 实现了美食乐财务、业务、生产、批发兼零售的线上线下一体化应用；

2. 加快采购、生产、仓储、配送等的周转，提高了运营效率；实现了加盟店与直营店销售数据的快速、准确实时采集；将各加盟店与直营店均纳入金蝶云信息系统平台进行统一管理，及时发布企业营销信息，获取市场动态；

3. 严格监控各店铺对公司策略的执行情况，及时发现问题，保证各项经营措施与管理要求的落地执行，约束各店铺的经营行为，支持公司在全国快速建立品牌形象，扩大市场影响力。

场景 1：线下体验，线上交易，如图 3-4 所示。

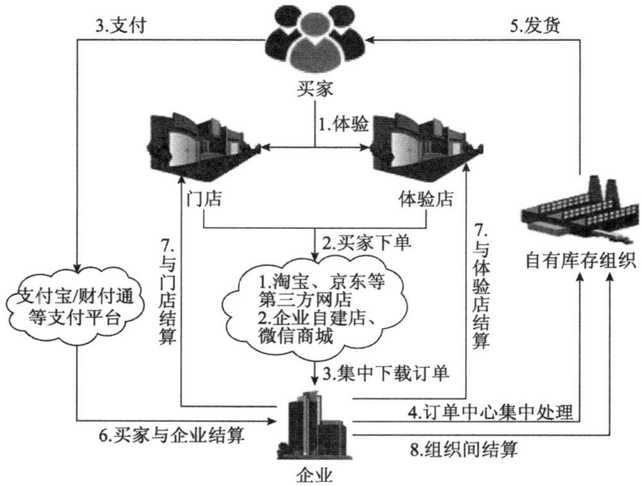

图 3-4 体验与交易流程

场景 2：线上下单，线下全渠道发货场景，如图 3-5 所示。

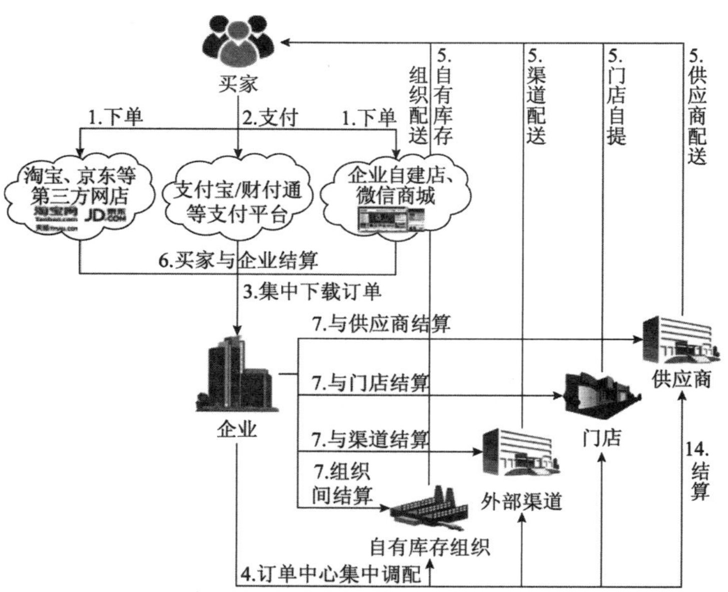

图 3-5 全渠道发货流程

全渠道智慧门店 IT 实施架构，如图 3-6 所示。

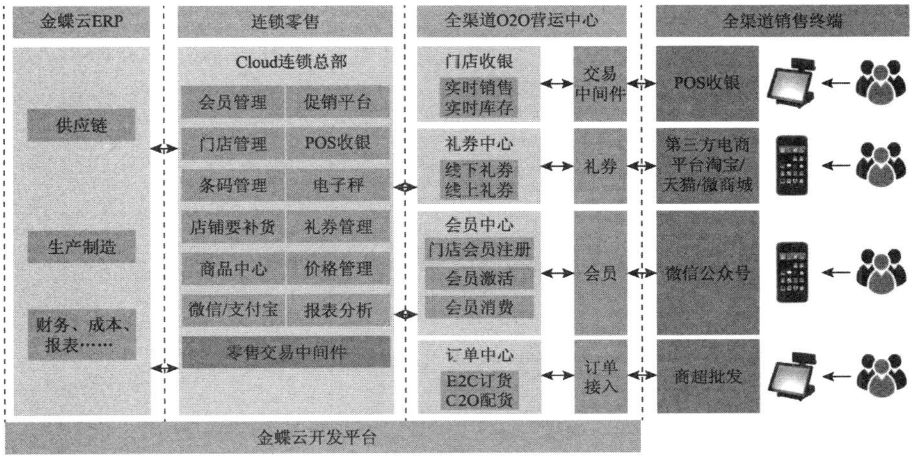

图 3-6　IT 架构

四、实施难度：易

该模块较容易实施。对大型的企业，可以通过自建 IT 系统，完成数字化改造。比如首都机场与京东云合作，完成了智慧商贸数字改造工程。首都机场商贸公司自建平台，实现了数字化的营销、会员管理、业务运营、大数据分析平台，京东云凭借对零售的理解及强大的 IT 能力，结合机场的实际情况，输出系统性的智慧解决方案。数字化的改造，不仅帮助首都机场提升整体的商业零售运营效率，同时，首都机场作为中国的会客门户，还对全球商旅客户展示了中国数字智能的能力，提升了国家科技形象。

针对中小企业，在 IT 预算、IT 覆盖的客户范围有限的情况下，我不太主张自建这类数字化系统，可以借助第三方工具来实现。比如，我在上面讲的第一个案例中，企业借助 SCRM 系统的 SaaS 云平台服务，实现了自己的营销、会员管理功能。这类云服务的好处是：价格低，付费方式灵活，功能模块容易扩展。企业可以根据自己的实际情况，采购一个季度、半年或一年的服务，购买自己所需要的功能模块，如果功能不够用，另外加钱购买其他模块功能。自建平台的费用，从系统开发、软硬件采购、机房租赁到后期安全维护，整体下来会有几百万元，甚至上千万的投入，而采用 SaaS 云服务一年的费用可控制在 10 万～ 30 万元，具体投入费用根据企业店铺的数量和客户数量来定，灵活调节，因此 SaaS 云服务模式非常适合中小企业。

第二节　路线二：体验升级

一、升级关键

优化场景体验或者创新产品，让客户在购买的前、中、后期感到满意、愉悦甚至因此尖叫。因为我始终认为“产品重于营销”，产品功能体验是让客户持续购买的关键。所以，体验升级路线是企业可持续经营的关键，重要性大于“路线一：数字化改造”，当然难度也更大，效果显现的周期更久。

二、对应画布模块

场景体验力、产品吸引力。

三、画布应用案例

案例1 　　**三只松鼠的“投食”之路**

淘品牌“三只松鼠”（如图 3-7 所示），凭借其友好的用户体验，成为家喻户晓的品牌，2017 年天猫“双十一”开始后第 13 分钟便冲破 1 亿元销售额。它创新了诸多体验点，比如鼠小箱、便笺纸、写给主人的一封信、果壳器、垃圾袋、湿纸巾、开箱器、封袋夹，成为了同业商家争相学习的对象。以体验著称的“三只松鼠”已经把店开到了线下。

图 3-7　三只松鼠的商标

2016 年 10 月，“三只松鼠”第一家线下店开业，并在两个月时间内完成了 400 万元销售额。创始人章燎原公开表示：“从全国中小城市的线下引流，2016 年起，5 年内在全国三、四线城市，通过‘一城一店’的方式开 500 家 O2O 体验店，体验店服务包括：动漫互动、休闲娱乐、高科技体验、线下销售。通过社区推广，送货到家等模式，覆盖全国所有的城市，实现 70% 的交易来自线上，30% 的交易来自线下，达到成本关系的平衡。”

这家店的店名很奇特，叫作“投食店”。“投食”来自古语，“三只松鼠”给予它的定义是“只给自己和最亲密的人喂食”。章燎原说他并不愿意把这个线下店当作单纯的实体店或者体验店，而是重新定义为“投食店”，“我们对线上线下的理解非常清晰，销售功能由线上解决，到线下就是为了体验功能，如果哪个品牌还到线下去卖东西，我认为就是退步。”“我们欢迎你到这里来玩、来吃、来喝，甚至来调戏松鼠都可以，但是我们不建议你在这里买产品，买产品上天猫店就行了，没必要跑到店里来买。”店铺的定位不强调买卖的功能，强调体验和互动，为的是增强与用户的黏性关系。

店铺跨界组合，只为让你“歇歇脚”

店铺的功能组合围绕“一个城市的歇脚地”展开，即逛街路过的时候、想念松鼠的时候到这个地方歇歇脚，在人生奋斗的间隙歇歇脚。于是，店铺里除了传统的销售区域，还跨界融合了“水＋轻食”的新业态，所售产品包括奶茶、咖啡、蛋糕、甜品。每一款都经过无数次的试吃和筛选，名字也非常有趣，比如“甲乙饼丁”“贵妃好酥”“战斗民族面包”。在轻食区域布置了复古怀旧的黑板和小舞台，每周六还会有音乐会、Cosplay（角色扮演）舞蹈会等面向线下消费者的活动，如图 3-8 所示 。

图 3-8　“三只松鼠”线下店

店铺的各处细节，让你感受“主人”的尊贵

在店铺的很多细节处都能有不一样的体验，收银台叫作“打赏处”，

分装袋叫作“投食袋”，标签价格叫作“投食价”，“三只松鼠”店铺内散称的坚果被放在透明管道里做成了一面墙，叫作“自助投食区”。同时，将互联网的极致服务引入线下，如“饮品不好喝免费换”“拆袋不好吃无偿退”“同款不同价当场补”。另外，用更热情的年轻人来服务同样是年轻人的消费者，这也是投食店的最大特色。统一服装的“小松鼠”们在“主人”一进门时就会亲切地打招呼，腰部挂着的投食袋里面装满了玩具和试吃包。

玩转松鼠 IP

“三只松鼠”的 IP 具备积极、活力、可爱的形象，凭借这呆萌形象，“三只松鼠”圈粉无数。“小美”张开双手，寓意拥抱和爱戴每一位主人；“小酷”紧握拳头，象征强大的团队和力量；“小贱”向上的手势，象征着青春活力和永不止步、勇往直前的态度。为了强化 IP 影响力，公司在 2016 年启动《三只松鼠》3D 动漫的制作，其编剧、场景设计、道具设计由来自好莱坞的创作团队完成，动漫节目于 2018 年 4 月首登卡酷少儿频道。另外，“三只松鼠”还在《微微一笑很倾城》《小别离》《欢乐颂》等电视剧中做了品牌植入。不仅如此，“三只松鼠”还提出了“泛娱乐化”的概念，其 IP 逐渐植入了其他商品，如授权“心相印”纸巾。“投食店”中还有小枕头、作业本、钥匙扣、小玩偶等各类 IP 衍生品，如图 3-9 所示。

图 3-9　三只松鼠衍生产品

科技让“三只松鼠”更懂用户

水墨屏的电子价签也是一个小亮点，消费者用“三只松鼠”APP 对商品进行扫码，就可以把它直接加入线上购物车，成为引流到线上的巧妙心机，如图 3-10 所示。另外，与传统的纸质标签相比，电子价签只需要用 PDA 发射器扫码商品和价签，几秒就能修改所有的价格，大大减少人力物力成本，并且能够由总部统一调控修改所有的价格。虽然前期成本较大，但是耗电量低，既环保又便捷。

图 3-10　三只松鼠线下投食店

店铺引入了“情绪感知系统”：据中国经济网的报道，在 2017 年云栖大会北京峰会上，主办方展示了“三只松鼠”新一代投食店的应用场景。当消费者进入“三只松鼠”的线下投食店后，后台大数据系统便会开启店内的传感器，“三只松鼠”的会员卡系统就会瞬间启动。当消费者走近货架时，系统会对会员的心情、手势及会员等级进行捕捉，电子标签则自动为消费者定价。由以前的固定标价或定期优惠，转变为动态智能定价，比如当顾客心情不佳时，商品会自动打折。更神奇的是，如果后台系统通过文本语义分析，检测到顾客最近几次来店都心情不佳，松鼠玩偶还会给顾客一个大大的拥抱，甚至送上一份小礼物，显得更有温度。通过系统对店内顾客情绪的感知，最终形成一张消费者情绪热力图，当发现消费者情绪较低时，品牌便可以根据用户画像远程发起一场实时促销，开启一场营销活动。

大数据驱动品控："三只松鼠"之所以能在购物体验、客户服务等方面为用户不断创造惊喜，是因为背后有一颗智能的"大脑"，即"云中央品控中心"。通过大数据来驱动产品质量、服务效率的提升。这颗"大脑"的背后，本质上是借助技术和数据，对产业链进行重塑。

自营 APP 的建立："三只松鼠"将构建"电商平台 + 自营 APP+ 线下体验店"同步运营的营销模式。公司希望 APP 在未来可以包括商品管理、价格管理、营销活动管理、支付平台、物流管理、会员系统、售后管理及后台数据管理等功能。消费者能够通过手机端购买商品，就近配送到家。另外，公司将借助 APP 的会员系统等加强客户管理和消费者互动，与线下体验店进行对接，完善线上线下协同。

根据上述分析，"三只松鼠"从场景的改造、数字技术的应用、IP 的植入、社群的运营、与消费者的亲密互动，各个细节上无不透出对新零售的理解与应用，"三只松鼠"的"投食店"结合人文与科技，让"兜售快乐"成为了现实。

三只松鼠的新零售画布，具体如表 3-2 所示。

表 3-2　画布的案例应用

能 力 模 块	成 功 解 读
营销数字化 / 关系数字化	●借助自营 APP，实现数字化运营，包括营销、会员关系、商品、支付、物流等功能
门店数字化	●电子标签的引入，实现了商品数字化，扫描标签，能够获取商品详情，且能实时变更价格； ●情绪感知系统可以感知用户情绪，结合价格手段、营销手段、服务手段让客户变得快乐
场景体验力	●跨界体验："商品销售 + 水 + 轻食"模式，让客户"歇歇脚"； ●IP 植入：植入松鼠 IP，衍生各类商品，营造快乐的 IP 调性； ●社群参与：策划音乐会、Cosplay 舞蹈会，与粉丝互动，增加黏性

续表

能力模块	成功解读
产品吸引力	●极致用户体验：开箱器、湿纸巾、果壳袋、主人式服务等，让客户感受便利与快乐； ●专注细分：年轻人群
数据驱动力	●大数据驱动产品质量； ●大数据驱动服务质量

案例2　小米的新零售布局

小米认为“新零售的本质是改善效率，通过产品升级释放消费者购买需求”。当下小米的线下店坪效世界第二，仅次于苹果。坪效高的原因，我认为是2亿粉丝的拥护及极致产品的吸引力。

发起粉丝模式，绕过竞争

小米是粉丝经济的发起者，从2010年开始，雷军预判未来3年将迎来移动互联网时代，智能手机凭借高频、刚需、海量的产品特性，将是抢占这个时代红利的最好武器，于是2011年，小米发布了第一款手机。面对手机销售的问题：如果自建平台直接销售手机，将直面与天猫和京东的平台竞争，两大平台占有线上零售80%的市场份额，并且用户也习惯在两大平台上购物，可见小米自建销售平台不是理想选择；而如果借助天猫和京东平台出货，各种推广费用、佣金、运营成本将居高不下，这又会违背高品质、低价格的产品原则，小米的第一款手机成本略高于2000元，在销售价格上硬生生地降到1999元。因此，高的平台运营成本难以维持低价销售。这时候，粉丝经济应运而生，小米首创用互联网的模式开发手机操作系统，在系统研发、设计、更新换代的每一天中，工程师们都在论坛里和发烧友们进行沟通，可以说小米手机是用户参与一起改造完成的。小米在《参与感》一书中提到，“小米和很多传统品牌最大的不同在于：和用户一起玩，不管是线上还是线下。无论是什么时候，都在想怎么让用户参与进来，让他们和小米官方团队一起，成为产品改进、品牌传播的‘大明星’。”参与手机改造的用户，自然也成为了小米的粉丝，形成了小米的第一批粉丝人群，这批人群便是形成日后口碑传播的“火种”。如果你仔细留意网络上有关小米新款手机发布的文章，你会发现其文章下方的评论和其他品牌手机评论不同，即感情色彩浓厚。粉丝们会毫不掩饰地表达自己的喜爱之情。通过粉丝参与的模式，小米已经具备2亿的粉丝规模，这也为2013年小米启动物联网（IOT）战略打下了坚实的用户资源城墙，令竞争对手难以撼动。

“品质＋低价”构成小米产品吸引力

除了粉丝经济，小米产品的“品质＋低价”也给消费者留下了极其深刻的印象，市场上200多元的移动电源，小米做到了69元；3000多元的空气净化器，小米做到了699元；而市场上4000多元的高档床垫也被做到699元。用雷军的话说“小米模式的本质是效率”，如今小米在2亿粉丝量基础上，自建电商平台进行产品销售，这就是最大限度地砍掉中间环节，让产品从厂房到消费者手中的距离最短，又如小米提出的“专注、极致、口碑、快”7字法则，做产品要“专注＋极致”便是将有限的资源集中在核心产品上。也是从效率角度出发，2011年，小米手机没有像三星一样走“机海战略”，因为这会分散“研发、生产及营销资源”，分摊到每一个产品线的成本会非常高，而小米是集中全部火力开发一款好的产品，把所有资源都集中在这个产品上；在做营销上强调“口碑”，借助人和人之间的传播力量，也可以节省广告推广费用，于是你很少看到小米在媒体上做广告，尤其是传统媒体广告。

打造智能硬件生态链，布局物联网

如今，你到“小米之家”线下店，你会看到各式各样的智能硬件产品，你可能会觉得“小米不是说要专注吗？怎么做了这么多的产品？”其实这是一场误会。产品来源于小米生态链上的公司，小米母公司仍然专注于手机的研发设计。比如移动电源的制造商是紫米科技，小米手环的制造商是华米科技，小米插座的制造商是青米科技，智能家庭套装（包括人体传感器、智能安防、魔方控制器等）来自于绿米联创。在《小米生态链战地笔记》一书中介绍到，2013 年，小米公司共有 8000 名员工，其中 2000 个工程师专注于做手机，雷军说“小米必须要专注，否则效率会降低。我们自己不要做，最好是找更专业的、更优秀的人来做”，于是打造生态链的模式，小米负责“投资 + 孵化”生态链的企业。小米公司认为互联网时代不确定性强、产业周期短，面对这种市场环境，生态链模式再适合不过了。它将此比喻为“竹林生态”，生态链上的每家企业都像一棵棵竹子，每棵竹子保持自己的独立性，专注自己擅长的领域快速成长，自我完成新陈代谢，同时，竹子之间也相互协作，比如，绿米联创公司开发的人体传感器应用到兄弟公司的智能床头灯上，感应器感应到有人走近时，床头灯会自动亮起。再比如，兄弟公司之间相互交流供应商信息、人才信息，帮助对方进行选择。这种只有在“竹林生态”中才能实现。

除此之外，竹林生态的另一个关键是“根部相连”，也就是他们共享小米总部提供的各种资源，如粉丝资源、供应链资源、技术资源等。这些都是公司从创业到成功的关键要素，小米为生态链上的每家企业“赋能”。时至今日，小米一共孵化了 77 家不同领域的企业，其中已经发布产品的公司的数量是 31 家，这 31 家里，有 4 家独角兽，16 家的年销售额已经破亿元。

小米的“竹林生态”模式和我们说的“大平台，小前端”道理一致。

在市场侧，小前端保持灵活作战能力，快速适应变化的环境，专注各自领域，实现精准打击；而大平台为各小前端赋能，提供“弹药”，合理配置前端资源，协调前端之间的作战关系。在运营侧，小前端之间的相同功能（如人力管理、财务管理、IT基础设施部署等）在大平台中共享（即业务共享能力）避免重复建设，效率更加提升。

此时，请你思考：小米的“竹林生态”和天猫、京东的“参天大树”各有怎样的优劣势？你更看好哪一种呢？

小米的新零售布局

如图3-11所示，我们能够清晰地看到小米的零售布局，线下零售终端叫“小米之家”，主要承载小米全系列产品的形象展示、产品体验咨询、产品销售。在购物过程中，不知道你是否也会和我一样，害怕店员跟随，看似能随时解答你的购物疑惑，实则增加购物压力。看了半天，店员也跟了半天，不买都不好意思。而小米之家提倡“开放式购物”，店内布局开放，且购物过程没有店员跟随，随意体验、放松自在，因为其庞大的粉丝基数，店里总是有不少人在那逗留。

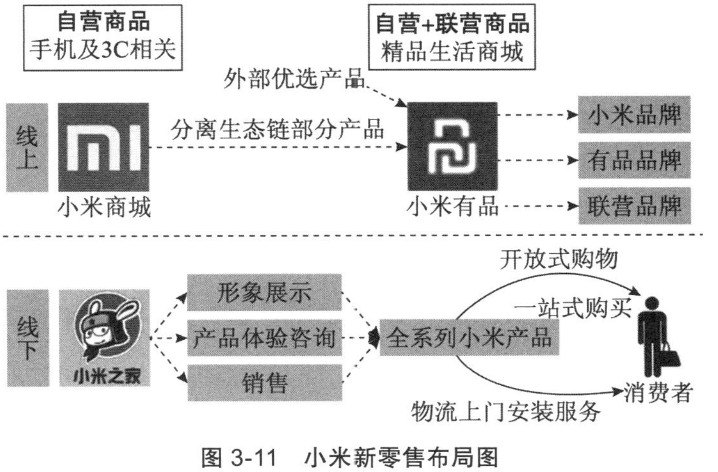

图3-11 小米新零售布局图

另外，线上有两大终端，分别是“小米商城”和“小米有品”。手机仍然是小米的重点，因此，小米商城主要销售手机和生态链上的3C产品，这是小米布局家庭场景的物联网的关键阵地。同时，为了迎合消费升级的精品生活，他们又成立了“小米有品”商城，布局消费者生活场景，商城除了销售小米自营的商品外，也销售公司外部的精品生活类商品。

小米的新零售画布

小米公司说，消费者对我们的产品闭着眼睛都敢买。这句话代表了小米产品的过硬品质，让消费者信任。小米认为产品是“1”，营销是后面的无数个“0”，产品才是撬动销量的核心，事实也的确如此。因此，在画布上，我将“产品吸引力”作为小米成功的核心，同时，我也引入了“场景体验力”，产品从设计到营销全过程，都有粉丝深度参与完成。参与中，感受小米产品的“极致化”以及“为发烧而生”的理念，这是情感体验的表现，小米用“极致”打动粉丝，与粉丝共鸣。另外，小米的生态链，参照“大平台、小前端”理念，与生态企业共享总部资源，本质上符合“业务共享力”的理念主张，于是我也将其纳入，如表3-3所示。

表3-3　画布的案例应用

能力模块	成功解读
产品吸引力	●极致功能：小米一改传统产品的风格，去掉“无用”的功能，专注于核心功能的打造，设计简约，产品从设计、功能到性能打动消费者； ●细分市场：起步于极客、软硬件发烧友，并成为第一批种子用户，进而带动年轻人群的拥护。随着生态链的拓展，人群范围逐渐扩张； ●高性价比：依靠效率领先，建立“高品质＋低价格”的产品优势
场景体验力	●社群参与：粉丝参与产品设计到营销的全过程，带来情感认同
业务共享力	●与77家生态链企业共享2亿粉丝用户、供应链资源、设计能力

四、实施难度：中 / 难

“产品吸引力”和“场景体验力”是画布中最重要的两个模块，也是实施最难的两个模块。它不像数字化改造那样容易量化和标准化，请一两个专家就能将企业进行数字改造。这两个力，需要结合企业自身对行业的深刻理解、对消费者的深刻洞察，从“场地经营”和“商品经营”的传统思维向“用户思维”进行转型。它难以借助外力来实现，更多体现在企业自身的“内功”上。

关于“场景体验力”所迎合的消费升级，是“精神层面”的升级，或者说是一种“生活方式”的升级。于是，如何通过具体的场景改造，直抵用户的“精神诉求”成为难点。这可不是放上一两件商品、做几个场景的跨界、放置一两个工艺品就能完成。他是科技、人文、商品的结合，是务虚与务实的结合，它是一种跨界的结合。貌似感受得到，但却又道不出。在这个模块中，我提出了“跨界”“IP”“社群”“活动”和“便利”供你参考，如果说企业对“便利”和“活动”还较为擅长，那么“跨界”“IP”和“社群”可就偏难了，尤其是“跨界”需要具备一定的场地条件，很多企业不具备，而对于“IP”，很多企业又没有持续的内容制作能力，很多企业选择去采购知名 IP 的版权。而对于“社群”，虽然至今持续火热，但真正做好的寥寥无几。所以说，做好“场景体验力”，企业面对的挑战不小。

另一个是“产品吸引力”，简单说就是，客户凭什么买你的产品？我所面对的企业老板中，他们无一例外认为自己的产品就是好。殊不知，企业认为的好产品和消费者认为的好产品，中间总有一条鸿沟，要么是产品的好，消费者根本就不知道；要么是产品的好，消费者根本就不需要（即伪需求）；要么是产品的好，别的产品也都具备，消费者难以选择。于是，我提供“独特主张”“极致产品”“极致服务”“极致体验”“高性价比”5个维度供你思考。策划独特的消费主张，让你的产品占领用户心智，然后通过产品、服务和体验具象化表达这个“独特主张”。你可能会问：“我该如何策划产品的独特主张？如何策划产品功能？如何构建用户体验？”我想这并非本书的主题，难以展开讨论，市面上有大量的方法论，你可以去参考，包括我自己也开发了很多方法模型，欢迎交流沟通。但此时，我的观点是“产品是长出来的”，我不认同产品用闭门造车的方式制作出来，然后推向市场，发现不对，又重新来过，效率低、成本大，我更加推崇《精益创业》里的小步快跑模式，在概念原型阶段就让用户参与，然后逐步完善。事实上，我所带的团队也是这么做的。因此，产品不是想出来的，是试错试出来的，是符合达尔文《进化论》里的进化原则的。短时期内没有策划好的产品，没有关系，关键是“勇敢试错，小步快跑”，好产品诞生前是煎熬的，“勇敢”是它的前提，是难能可贵的品质，我相信你一定能成功！

第三节　路线三：模式创新

一、升级关键

我将它定义为“赋能”，对企业和个人赋能。

对企业赋能的方式是“平台化”，即凭借你在行业多年的经验积累和深刻认知，找到企业或者行业痛点，利用云计算、大数据、人工智能等先进技术手段，建立数字化平台，为行业企业赋能。赋能型平台在服务无数企业的过程中，形成用户规模，进而实现多样变现的可能。

对个人赋能的方式是“方案化”，强调企业从满足客户“单次价值”的产品销售，升级为满足客户“终生价值”的方案型销售，利用方案帮助个人在生活、工作、家庭等方面进行转型。

二、对应画布模块

以“业务共享力”和“数据驱动力”为核心，结合画布其他模块。

三、画布应用案例

案例 1　互联网时代，Nike（耐克）的成功法则

“Nike”一词取自希腊神话中的胜利女神之名，是全球首屈一指的运动服装品牌，也无疑是世界顶级知名的品牌之一。它拥有超过 5 万名员工，年收入达 300 亿美元。正如它的标志一般，Nike 的股票价格呈现持续、指数型的增长。在过去的 10 年中，Nike 的市值涨到原先的 3 倍，达到约 800 亿美元。

Nike 的迅猛增长正是因为创新。现在各式运动鞋所用的橡胶质地鞋底正是由 Nike 的共同创始人比尔·鲍尔曼在 20 世纪 70 年代初发明的，他把橡胶倒进了华夫饼烤盘里。在那之后，无数个产品和上千个专利诞生。由于它的专利 Flyknit 运动鞋和 FuelBand 可穿戴设备（如图 3-12、图 3-13、图 3-14、图 3-15 所示），Nike 公司被誉为 2013 年最佳创新公司——排在亚马逊、谷歌和苹果前。

图 3-12　Flyknit 电脑编织技术

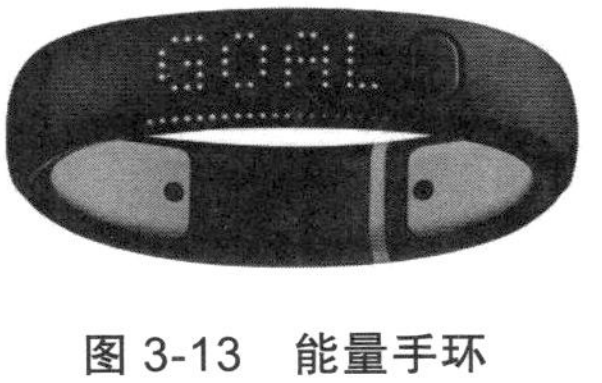

图 3-13　能量手环

图 3-14　跑步 APP

图 3-15　Hyperdunk 篮球鞋（轻质）

Flyknit 技术使运动鞋设计和生产出现了重新构想，用计算机控制的编织技术取代了以往劳动密集型的裁剪和缝制，极大地减少了生产过程中的浪费，同时也增加了产品个人定制化的可能性。“Nike+”家族的 FuelBand（能量手环）是最早出现的运动可穿戴设备，它被称为“领袖级产品”，直到今日，“Nike+”家族已经诞生了许多新成员，比如“Nike+iPod”“Nike+ 跑步 APP”，它们共同呈现了一个完整的、衍生的生态系统，并且互相通过无线连接，有云服务支撑，背靠大数据，与其他合作方的产品、服务和商品通过社交网络相连。

Nike Hyperdunk 不仅仅是一双篮球鞋，也是一个方案，一个依靠云链接的产品 - 服务系统，能够帮助运动员实现训练成果，如运动技能发展与提升。鞋底的压力感应器能够对你的活动进行追踪和性能检测，比如记录你的活跃度、跳跃高度、运动距离，通过蓝牙无线将运动数据传送至手机端 APP，然后分享到热门的社交网络和耐克社区。通过手机你可以清楚看到自己的所有活动、鞋子的性能表现、你的运动能力等可视化和数据化展现各类运动指标。传统的功能鞋仅实现产品的功能和性能，是为了在特殊情况下让运动员实现最强表现力，比如不平坦、湿滑和极端温度的条件下。这仅仅是提升运动性能的表现，但是，Nike

Hyperdunk 和“Nike+”训练 APP 的结合，不仅能使得产品实现最优性能，还能通过教练服务和反馈机制进一步提升运动技能，教练会了解你的各项运动数据，指导你如何改善运动技巧，帮助你制订运动计划。因此，真正地实现了从卖产品到卖方案的升级。

“Nike+”方案最初是一个与终端服务连接的产品，在过去的几年中，它逐渐进化成了一个产品家族，不仅产品之间相互连接，比如手环与鞋子相互通信，并且实现了产品与服务（如教练服务）、产品与社群、产品与 APP、产品与云计算、产品与大数据的完整互通，为了进一步提升运动性能，他们搭建生态框架，与合作方连接，孵化一些专业公司共同完成，比如与智能体脂称的科技公司合作，该公司帮助监测用户在运动过程中的体脂变化。而 Nike 则为生态链上的合作公司提供其他运动数据，共享用户资源，一起构成运动生态。

那么，Nike 成功的原因是什么呢？

在《新动能 新法则》一书中，作者将 Nike 的成功总结为“方案领袖”，即 Nike 不仅是在卖鞋子，而是为消费者打造了一个运动健身的解决方案，让消费者运动的成绩得以提高，并享受运动的快乐。而我，结合他的观点，运用“新零售落地画布”来分析，得出如下结论。

用新零售落地画布分析 Nike，如表 3-4 所示。

表 3-4 画布的案例应用

能力模块	成功解读
产品吸引力	**卖产品到卖转型方案** ● 围绕运动性能的顾客价值主张和可计量服务一体化； ● 鞋子从简单的保护足部，到活动、路线追踪和训练； ● 向生态能力下的终端、平台、内容的无限延伸。 **从单笔交易到长期关系** ● 产品只是关系的起始点； ● 持续服务，直到客户成功

续表

能力模块	成功解读
场景体验力	**鞋子与APP/社群的经营** ● Nike ID与“Nike+”社交，让顾客能够从风格和性能两方面出发，自己设计鞋履，在网上订购，同时与社交网络上的朋友们分享自己的设计； ● 找到朋友：人以群分，相互鼓励，快乐运动，加油助威； ● 健身氛围：分享和比赛
业务共享力	**围绕运动的开放生态，共享业务** ● 建立基于“Nike+”的内部产品服务生态和外部合作生态； ● 与生态企业共享技术、客户、服务资源，共同形成客户成功方案
数字驱动力	**数据驱动用户运动体验提升** ● 通过建立在各种运动设备上的传感器收集用户数据，然后传回云端，根据服务器上的算法，为客户提供健身指导； ● 数据向生态合作伙伴共享，一起构筑完整的运动方案
其他：生产数字化	**IT技术，实现生产定制化** ● IT技术导入制造环节，打造柔性生产，如Flyknit运用新型计算机控制编织机器，体现了对IT技术的深度应用能力，让Nike的生产运营过程变得更精准、更高效、更灵活； ● 面向小众个性，实现规模化满足能力

案例2　搜芽网的搜图技术解决行业痛点

产品的生命周期在互联网时代变得越来越短暂，我们熟悉的服装行业，消费者从以前对耐穿、品牌的需求，转变为对时尚的追求，服装成为了时尚快消品。你仔细观察：很多女性消费者衣柜里的衣服越来越多，买来没穿几次，又开始买新的。根据业内人士介绍，服装产品的生命周期只有3个月，也就是从上市到退市只有短短3个月时间，企业永远在马不停蹄地赶制产品，做完一批又开始下一批，并且行业的流行变化快，今年好卖的款式到了明年可能是最难卖的。于是，我们说“快时尚”已经成为服装行业特点，这个特点产生了一个新的矛盾点：面料生产周期长，无法满足短时间内将设计版式投入生产的刚性需求。另一方面，用户定制化需求越来越多，传统的大批量生产模式无法满足小规模定制化需求，工厂对小批量订单不感兴趣，十万起订的门槛让小规模定制难以实施。因此，小宗面料的现货交易成为快时尚需求以及定制化需求的最优选择。

1. 买家痛点

a. 面料品种多，找布难，比如，在广州海珠区的轻纺城汇集了上千家门店，用传统方式挨家挨户找面料，需要花上 2 ～ 3 天；

b. 流通环节长，布匹市场也是经过一批、二批、三批层层流通，层层加价，到了买家手中产品已经加价了 50% 以上，显然会影响服装最终的销售价格；

c. 面料商家的信用难评估，品质及货期难保障，服装生产中一个布料出问题，服装的整体生产都会受到影响，最终会影响销售终端的上货时间，错过最佳销售时间；

d. 传统面料生产周期长（色织布 25 ～ 45 天，染色布 10 ～ 20 天），起订量大，无法满足快时尚和定制化需求。

2. 卖家痛点

a. 销售成本高。一方面店铺租金越来越贵，比如在广州，热门店铺 1 年租金 100 万元，另一方面客户总希望以更低的价格采购布料，再加上采购与销售环节中的各种灰色地带，布料上的利润再次被压缩；

b. 收款难度大。账期久，收款难；

c. 客户有限，容易形成库存积压。以传统档口方式经营，覆盖的客户范围有局限，难以触及全国广大市场；

d. 选款缺少数据支持。担心选错款，而销售不出去，因此，面料商不敢提前预备胚布，甚至染色做出成品。

基于以上这几点，搜芽网提供完整解决方案。

对于买家而言，支持图片搜索和布料类别搜索。买家上传自己想要的花型图片，平台通过图片视觉分析，在后台找到布料对应的卖家。分析过程结合图片花型、布料属性和用途，形成综合搜索，快速、精准地为买家提供搜索结果。通过对搜索结果的价格综合比对，可以找到合适的卖家，避免中间环节赚差价。另外，整个采购过程中，可以在线跟踪进度、管控进度，方便上货排期，并且实现了财务透明化，避免灰色地带。

图 3-16　搜芽网首页

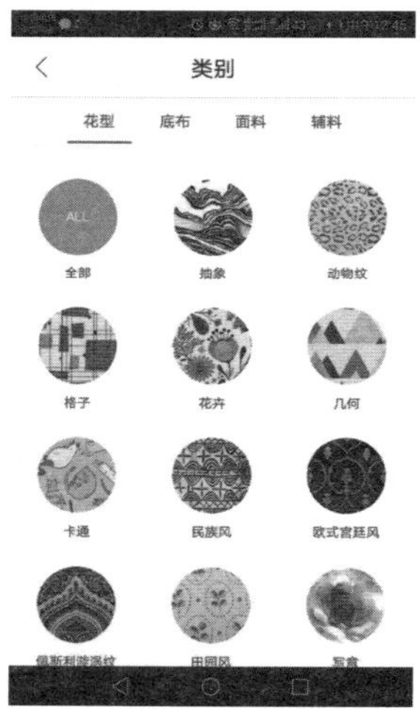

图 3-17　图片搜索 + 类别搜索

图 3-18　金融服务

对于卖家而言，采购方来自全国各地，客户范围扩大，并且平台通过买家的购物偏好数据，会定向推送产品至买家，有效挖掘潜在买家，帮助卖家推广。平台数据化分析功能，能帮助卖家提供选品的推荐、销售预测，便于进货和库存掌控，并且形成 C2B（Customer to Business，消费者到企业）模式，用数据指导下一季生产、设计。

另外，平台新近推出了金融服务，为平台用户提供最高额度 100 万的贷款服务，交易越多，额度越高，解决了企业的贷款难问题。

搜芽网的新零售画布，如表 3-5 所示。

表 3-5 搜芽网的新零售解读

能力模块	成功解读
业务共享力	**卖家商品和库存共享，快速反应买家需求，实现行业柔性供应链：** ● 卖家上传自己的商品图片，共享商品信息、库存信息； ● 系统通过图片搜索技术，快速匹配买家需求； ● 线上流量导入线下
数字驱动力	**数据指导选款、生产、设计：** ● 销售分析及预测，指导卖家选款进货； ● 数据分析指导下一季生产、设计

四、实施难度：中 / 难

模式创新的关键是将企业或个人的能力通过数字化，实现对消费者赋能、对产业链赋能或对生态链赋能，对企业来说，要想实现模式创新，有两条路可走：

第一条路，借助已经具备的优势能力和资源，形成数字化能力对外输出。比如上个案例中，Nike 将自己的能力数字化，赋能给消费者，从一个卖鞋的品牌，转型成为消费者运动体验提升的综合方案提供商，消费者通过 Nike 的赋能实现了自身运动能力的“转型”；又如 Nike 赋能给合作伙伴，提供数字技术、业务数据和资金给到生态链伙伴，孵化生态伙伴。Nike 在帮助消费者运动体验提升的同时，也帮助实现了生态链伙伴们成功。因此，Nike 的转型成功是建立在已有的品牌基础、对运动的理解能力以及强大的用户资源基础上的，进而对外输出能力和资源。

第二条路，找准市场空隙，从点上突破。在第二个搜芽网的案例中，依靠布匹花纹视觉搜索技术，解决需求方和供应方的信息不对称问题，解决了市场痛点。视觉搜索技术，单点突破，“一针捅破天”地带动了买卖双边市场用户的增长，为后续平台生态延伸提供了用户基础。每个行业的痛点不同、成功模型不同，算法也不同，尤其在 B2B（Business to Business，企业到企业）领域，仍然存在着大量的数字化改造的机会。需要传统行业与 IT 进行结合，这也是典型的跨界思维。传统行业人士不懂 IT，IT 人士不懂传统行业，将两类人放在一起就有可能碰撞出创新的火花。

第一条路，需要借助既有的强资源和强能力，在此基础上进行打包输出，这个是水到渠成的事情，是“从 1 到 10”阶段里的创新。而第二条路，对既有资源和能力的依赖性不强，更需要借助于对商业机会的洞察和创新能力，是典型的“从 0 到 1”阶段里的创新，不过这类企业属于“光脚的不怕穿鞋的”，一旦成功，则一发不可收拾。我认为第一条路实施门槛高，对实施主体有要求，但成功概率大；而第二条路实施难度大，因为其“机会”成分占比更高，成功概率相对小。

第四章 落地工具

本章我将在“新零售落地画布”工具的基础上，通过5个步骤教你如何制订零售升级方案，每个步骤对应1个工具表格。有些步骤是封闭式的，如第1步企业自评，为自己打分，自我审视。而有些步骤则是开放式的，如第5步，需要企业内部集体研讨，群策群力，给出答案。接着，我会用一个亲身经历的项目，将整个工具的使用过程演绎一遍。

第一节　升级步骤及工具（附工具表格）

第 1 步：评审企业现状

现在我们给自己做一个评测，看看这些能力我们完成的情况如何。我将“新零售落地画布”的 7 个模块和 29 个关键能力组件做成了一个表格，以打分的形式，帮助企业自我评估。通过表格打分，你可以看到自己做得好与不好的能力模块和组件，找到自己的优势和劣势，进而为自己制订改善计划提供分析依据。

特别注明一下，本书主题是零售行业，因此本表的设计适合于零售业、服务业或者品牌制造型企业，也就是 B2C（Business to Customer，企业到消费者）领域的企业。如果你是 B2B（Business to Business，企业到企业）的企业，希望本表能为你的工作带来启发。

企业新零售自检表

请根据表 4-1 的能力描述，诊断企业的“能力表现”，并打分。

评分规则：1. 没有；2. 很弱；3. 一般；4. 很好；5. 非常好。若不适用则不填。

表 4-1 企业新零售自检表

类　别	能力组件	能力描述	评分
营销数字化	数据收集	建立线上和线下的客户数据收集体系，针对实体店铺部署 Wi-Fi 探针、人脸识别等设施	
	客户识别	建立用户标签体系，并通过静态标签和动态标签，对客户进行全方位画像	
	精准投放	能够自定义投放人群、时间、渠道、内容、频次，实施精准投放	
	效果评估	获取广告投放数据。对广告曝光、点击、最终购买等数据进行汇总，对广告效果进行评估	
关系数字化	渠道连接	搭建系统，与微信、APP、商城等渠道对接，统一管理	
	会员管理	对会员等级、积分、权益、标签体系进行统一管理	
	内容管理	系统支持微信、H5、邮件、短信等全渠道内容制作与整合管理	
	精准交互	结合会员标签与交互反馈，指定自动化营销推送流程，进行定时、定向精准推送	
门店数字化	家店一体	支持店铺现场购、到店自提、配送到家	
	上下一体	实现线上订单线下自提； 实现线下订单线上发货	
	科技一体	利用科技提升客户体验和运营效率。 独立商城购买、独立 APP 购买、社交分享购买、店中店触屏购买、样品卡片购买、小程序购买、VR 全景购买、直播互动购买。 跟随机器人、无感支付、智能手环……	
场景体验力	跨界整合	围绕一个价值观，跨界植入多种美学元素、商品与体验，共同完成一个“故事”，客户在消费故事的过程中，消费商品	
	IP 主体化	将 IP 所标签化的情感符号，植入场景，通过 IP 符号的价值观，形成价值共鸣，进而带来粉丝流量和消费	
	活动参与	根据粉丝高关注度的节日和事件，营造特定场景，让粉丝参与和感受活动，与消费者情感共鸣	
	社群参与	建立有共同价值观的社群，围绕价值观，策划各种活动、内容和服务，与粉丝共鸣，形成流量池	
	便利性	能够快速获取商品或服务，如便利店、当日达等	

续表

类　别	能力组件	能力描述	评分
产品吸引力	独特主张	产品给到客户独一无二的价值主张或消费承诺，客户愿意为此主张或承诺买单	
	极致功能	消费升级时代，消费者对商品品质有更高要求，因此，直面市场竞争，提供更加优质的或者独特的功能	
	极致体验	从商品的体验出发，更便利、更好玩、更有面子，更能够代表自己的价值观	
	极致服务	为消费者提供优质服务，不让他们等，不让他们烦，不让他们想	
	高性价比	同样品质，更低价格	
业务共享力	商品打通	各店铺商品统一按标准录入系统，对商品进行统一管理，便于商品的数字化分析与调拨	
	订单打通	打通线上和线下、店铺之间的订单，统一管理，便于日后调度划拨订单及退、换货处理	
	营销打通	营销的全渠道集中管控，既支持单个店铺和单个区域的独立营销，也支持店铺间和区域间的联合营销	
	会员打通	统一会员的等级设定、积分标准、兑换机制、权益范围。实现会员跨区域、跨店铺甚至跨界享受权益	
数据驱动力	经营分析	对店铺进行整体经营分析，了解客户、客流、商品的整体销售情况，找出问题和原因，给出经营预测	
	客户分析	洞察客户，了解客户画像、进店、停留、偏好、购买和离开各项数据，为客户营销和店铺优化提供数据	
	商品分析	收集商品数据，提供商品结构优化、商品布局优化、商品销量预测和商品库存管理	
	场区分析	能够进行区域总体分析、重点区域分析、区域销售异动分析和区域品类分析	

怎么样？公司的自我评分如何呢？

接下来，也请你为你的同行中做得好的企业（标杆企业）打打分，看看你们之间的分数差距，进而找到你和同行或者相关领域标杆企业的能力差距，然后回答下面的问题：

- 哪些是你当前的薄弱项呢？
- 你的公司和标杆企业之间的差距在哪里呢？
- 你会如何改善这些弱项呢？

评估表格涉及企业的营销、服务、IT、门店销售等多个部门，在评估过程中，我建议你多邀请几个公司员工打分，这样会更加客观与准确。另外，在自我评分过程中，你可能觉得有些模块不适合自己，或者自己根本就没有能力去完成。这个没有关系，在能力空缺的现实下，有些不是非要动用你自有的资源去弥补的，你可以借助外部能力，或者去整合外部能力来完成。就像我前面介绍的，天猫、京东提供的赋能平台，就是在帮一些小、微零售商提供完整的能力。小、微企业可以与他们合作，填补自己的能力弱项。

同时，我再次强调，每家企业不是所有能力模块都要做到最好，做好其中两三个模块就已经很不错。

第 2 步：选择自己的升级组件（多选）

依据第 1 步的自我评价，判断企业急需升级的能力组件，并在相应的选项上打钩，如表 4-2 所示。

表 4-2 企业升级能力组件

路线 1：数字化改造			路线 2：体验升级		路线 3：模式创新	
营销数字化	关系数字化	门店数字化	场景体验力	产品吸引力	业务共享力	数据驱动力
数据收集 □	渠道连接 □	家店一体 □	跨界整合 □	独特主张 □	商品打通 □	经营分析 □
客户识别 □	会员管理 □	上下一体 □	IP 主题化 □	极致功能 □	营销打通 □	商品分析 □
精准投放 □	内容管理 □	科技一体 □	活动参与 □	极致体验 □	订单打通 □	客户分析 □
效果评估 □	精准交互 □		社群参与 □	极致服务 □	会员打通 □	场区分析 □
			便利性 □	高性价比 □		

第 3 步：业务收益与实施难易度分析

将第 2 步选择的能力组件，判断其实现的收益和实施难度，填入图 4-1。

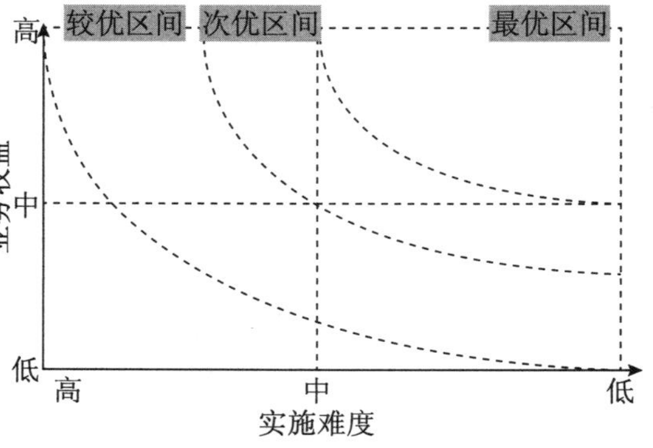

图 4-1　业务收益与实施难度分析

最优区间：业务收益高，且实施难度较低，需要尽快实施；

次优区间：业务收益较高，但实施难度较低，有条件时优先实施；

较优区间：业务收益相对较低，但实施难度偏高，延后实施；

放弃区间：业务收益低，且实施难度大，考虑放弃。

第 4 步：制定实施方式

将第 3 步中的能力组件，贴上“新建”“提升”“整合”或“替换”的注释标签。各大标签的定义如图 4-2 所示。

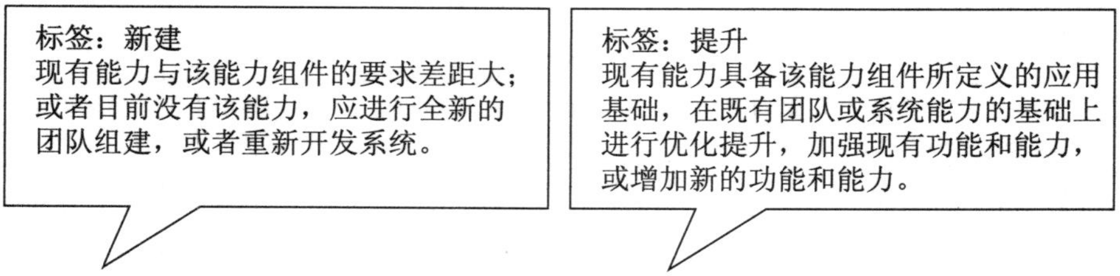

图 4-2　实施标签选项

标签：整合
具备部分能力或功能，需要对既有的能力或功能进行进一步的整合，以满足新的需求。

标签：替换
现有能力与该能力组件的要求有一定差距，可以继续沿用，同时开发新能力，逐步替换旧能力，包括团队能力和系统能力。

图 4-2 （续）

（注：以上对能力的解释，可理解为团队能力或者 IT 系统的能力。）

第 5 步：探讨实施方案

表 4-3 实施方案输出

能力组件	实施方式 （新建 / 提升 / 整合 / 替换）	实施方案
1. ______		
2. ______		
3. ______		
4. ______		
5. ______		
6. ______		

第二节 实施案例

2017 年，我服务过一个全国连锁商超的智慧零售项目，称其为 A 客户。A 客户当时面临三大痛点：第一，需要提升消费者的购物体验和销售人员的销售能力，亟须提升公司的信息化能力，实现“智慧购物”；第二，需要借助大数据技术提升运营管理水平，通过数据优化商超的运营能力，实现“智慧运营”；第三，希望借助信息化中台，提升管理能力，打破各大商超的数据孤岛，解决一直存在的“烟囱式”系统问题，实现“智慧管理”。

我们团队入场之后，首先对集团领导、旗下各部门、各商超核心关键人物、一线销售人员、消费者进行全面摸底调研。有以下发现：

业务侧

一方面，消费者入店率不高，主要问题是营销手段不足，传统的公众号、自媒体等手段形同虚设，内容的订阅量低，优惠券的到达率低；客户转化率相较于同行存在差距，主要问题集中在商超的整体规划、布局、业态、品牌引入上；很多消费者也反馈购物过程缺少导购指引，在商场中有些“茫然”。

另一方面，在调研租赁业态的商家时我们发现，部分商家抱怨两套IT 系统并行问题，即同一订单需要在商家自家的系统和商场系统同时录单，导致录单动作烦琐。当前，品牌商对消费数据的掌控意识加强，而商超系统又不支持接入品牌商系统，于是部分品牌商在店中自建数字化能力，从而出现一线销售人员在两套系统录单的情况。

再者，作为商超自身，选品规划能力不足，仍以经验为主，哪些业态适合当地消费人群，哪些品牌受大众喜爱，全靠经验。同时，商超对消费者的会员管理还停留于“购买即会员”的传统管理方式，对到达商超的会员客户，也缺少“识别”能力，于是高价值会员得不到差异化的服务。

IT 侧

整体信息化建设水平较为滞后，制约了自身业务的发展，难以满足“专业化经营”“精细化管理”“品牌化发展”的要求。尤其在会员关系管理、客户洞察、营销、运营、数据管理方面表现不足。商超对租赁型商家的运营情况、单品销售的监控能力弱，难以给予商户销售决策支持。

除此之外，集团与各大商超之间的协同能力弱，集团层面缺乏支持横向（针对区域商超）战略监控与纵向（针对商超内部商家）信息共享的系统平台，难以满足集团对各项业务进行战略监控的需求，也难以有效实现各商超之间、商超内部各商家之间的高效沟通与营销协同。

在调研的基础上，我们开始借助工具，为企业找到解决方案。

第1步：我们借助“企业新零售自检表”为其打分，且分析如表4-4所示。

表4-4 企业新零售自检表

类别	能力组件	评分	调研分析
营销数字化	数据收集	2	●实体店未建立感知设备，收集客户数据，如Wi-Fi探针、人脸识别技术； ●未建立标签体系，标签字段仅建立在会员系统中简单的消费金额、消费记录、消费积分数据上； ●优惠券的投递，因为缺少用户画像的支持，而难以精准到达，投递后转化率低； ●营销投放的单品，吸引力不够； ●缺少商家的单品投递通道，每次活动策划都依靠人工选品，且需要和商家持续沟通价格，效率低
	客户识别	2	
	精准投放	2	
	效果评估	3	
关系数字化	渠道连接	2	●缺乏多渠道连接客户，仍以线下商超作为客户关系管理的主阵地，线上微信等自媒体阵地维护不足； ●客户关系的定义仍然是狭义的“购买即会员”，缺乏“到访即会员”的新思维； ●会员积分，以购买兑换积分为标准。缺少借助积分对应客户生命周期的管理，如互动兑换积分、分享兑换积分； ●互动内容未按照客户生命周期的管理来设计； ●针对会员的互动，以人工方式进行触发，缺少按系统规则自动触发的能力
	会员管理	3	
	内容管理	1	
	精准交互	2	
门店数字化	家店一体	3	●该商超仅仅支持现场购买和部分商品的送货服务； ●缺少线上下单的入口； ●不支持线上订单线下自提； ●不支持社交分享、老客带新客的销售模式； ●未引入科技手段以提升用户体验，如智能导购
	上下一体	2	
	科技一体	2	

续表

类别	能力组件	评分	调 研 分 析
场景体验力	跨界整合	2	● 仍以卖货和场地经营为核心，未形成跨界、IP 主题体验手段，无法与消费者情感产生共鸣； ● 能够根据粉丝高关注度的节日和事件，营造特定场景，让粉丝参与和感受活动； ● 缺少借助社群与消费者互动，未形成卖货前端的粉丝流量池
	IP 主题化	2	
	活动参与	4	
	社群参与	2	
	便利性	3	
产品吸引力	独特主张	3	● 该商超整体缺乏独特的消费主张，缺少消费者非来不可的理由； ● 该商超强调“服务至上”的理念，每位店员能够细心、热情、微笑服务； ● 该商超关注产品价格，作为竞争的关键要素之一
	极致功能	3	
	极致体验	3	
	极致服务	4	
	高性价比	4	
业务共享力	商品打通	4	● 自营业态和租赁业态的商品都能按照标准化格式录入，统一收银； ● 各区域商超统一使用同一套系统，实现了商品打通； ● 线下区域商超之间的订单交易在同一系统中完成，实现了打通，但不支持线上下单，即线上与线下未打通； ● 区域之间的联合营销能力缺失，系统中缺少营销模块； ● 各区域商超使用同一套 CRM 系统，会员可在各区域间累积积分，享受同一权益
	订单打通	4	
	营销打通	2	
	会员打通	4	
数据驱动力	经营分析	3	● 现有数据能够了解客流、商品、商家的整体销售情况，但销售分析、预警和经营预测仍需借助人工完成； ● 未能实现客户行为感知和数据收集，如客户画像、进店、行走动线、停留、偏好数据； ● 系统不能够对商品的选品结构、业态布局、货架布局、库存管理给出建议； ● 系统不支持对区域消费人群、销售异动进行分析
	客户分析	2	
	商品分析	2	
	场区分析	3	

第 2 步：我们通过集体讨论，分析以上评分结果，得出哪些能力组件是需要提升的，以此建立了初步假设，并将假设以问卷形式和员工进行确认，得出的结果如表 4-5 所示。

表 4-5　企业升级能力组件

路线 1：数字化改造			路线 2：体验升级		路线 3：模式创新	
营销数字化	关系数字化	门店数字化	场景体验力	产品吸引力	业务共享力	数据驱动力
数据收集 ☑	渠道连接 ☑	家店一体 □	跨界整合 ☑	独特主张 ☑	商品打通 □	经营分析 ☑
客户识别 ☑	会员管理 ☑	上下一体 ☑	IP 主题化 □	极致功能 □	营销打通 ☑	商品分析 ☑
精准投放 ☑	内容管理 ☑	科技一体 □	活动参与 □	极致体验 □	订单打通 □	客户分析 ☑
效果评估 ☑	精准交互 ☑		社群参与 □	极致服务 □	会员打通 □	场区分析 □
			便利性 □	高性价比 □		

第 3 步：通过集体讨论，判断每项能力的提升所带来的收益和实施难度，得出实施的先后路径，如图 4-3 所示。

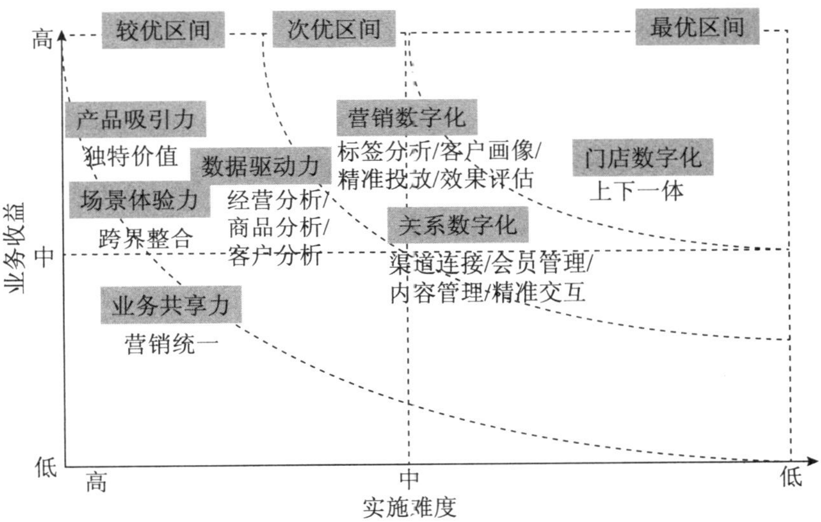

图 4-3　制订实施方案

最优区间：门店数字化。大家认为移动端正值流量红利阶段，尤其是微信公众号、小程序占用了消费者大量的注意力，需要尽快建立线上的营销、导购、购物的场景，并与实体商业实现融合；在实施方面，营销导购及交易的 IT 模块较为成熟，实施难度低。

次优区间：营销数字化、关系数字化。业务收入是该商超的重要 KPI 指标，营销和关系管理能快速带来商业效益，并能够借助第三方

SCRM 系统或系统中间件快速实施。

较优区间：数据驱动力、产品吸引力、场景体验力、业务共享力。该模块的长期业务收益大，但短期难见效果，且实施难度较大。数据驱动力所涉及的算法模型，需要在商场购物和运营场景中磨合优化，需要时间沉淀；产品吸引力的“独特价值”涉及商超的定位，未来的营运作业都要围绕定位展开，关联的工作量巨大，且存在风险；业务共享力这块，建立 IT 系统容易，但打破公司内部的组织边界障碍多，区域间的情况各有不同，既要保持区域间营销的整齐划一，又要维持区域的独立性，找到这个平衡点有一定难度。

第 4 步：通过集体讨论，我们制订的实施方案如图 4-4 所示。

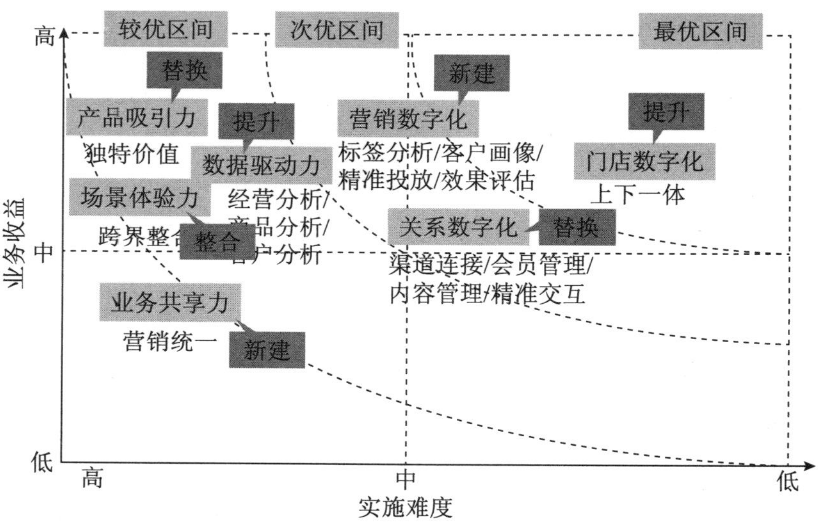

图 4-4　制订实施方案

门店数字化：提升。已经具备微信公众号的运营能力，只需要在此基础上增加营销、导购及购物功能。

营销数字化：新建。完全不具备客户收集、感知、画像和精准营销能力，需要重新建立。

关系数字化：替换。公司原CRM系统，定义为狭义维度，且对客户关系的评级仅依靠“购买力评估模型”，缺少“影响力评估模型”，考虑替换。（关于模型定义，见本书对关系数字化的讲解。）

数据驱动力：提升。市场部有经营分析专员，需要提升分析维度以及建立系统化的数据分析平台，未来可以逐步考虑引入大数据系统作为底层支持。

产品吸引力：替换。替换思维，将“场地经营思维”和“商品经营思维”，替换为“用户经营思维”，依据用户的新消费、新需求动向重新定位。

场景体验力：整合。依据公司的重新定位，整合对应业态、品牌、商品进入商超。

业务共享力：新建。打破公司内部组织边界，找到大平台（集团）与小前端（商超、店铺、销售员）之间的平衡点，新建协同营销能力。

第5步：通过集体讨论，探讨实施方案，具体如表4-6所示。

表4-6　最终方案表

能力模块	实施方式	实施方案
1. 门店数字化	提升	时间：2017年10月～2018年3月 任务： ● 第三方SCRM系统选型，并生成微信公众号，搭建营销、导购及购物功能
2. 营销数字化	新建	时间：2017年10月～2018年3月 任务： ● 全场部署Wi-Fi探针，在人流密集区域部署人脸摄像头，为店内客户画像，掌握店铺客流、购物基本特征； ● 建立单品投递和活动报名系统，打通商家的单品投递和活动报名通道； ● 集中采购区域型的媒体资源； ● 在商超内人流集中区域，部署互动终端（立式广告、电视）； ● 建立用户标签、分组、画像体系，并利用媒体资源定向投递

续表

能力模块	实施方式	实施方案
3. 关系数字化	替换	时间：2017 年 12 月～ 2018 年 6 月 任务： ● 存量会员数据挖掘：基于现有 CRM 平台，深挖现有会员数据，并策划数据应用场景方案，如选品策略、差异营销策略； ● 同步搭建 SCRM 系统，2018 年 6 月前替换现有 CRM 系统
4. 场景体验力	整合	时间：根据重新定位的结论规划时间 任务： ● 引入商超规划咨询机构，给出场景优化建议
5. 产品吸引力	替换	时间：2018 年 6 月～ 2019 年 6 月 任务： ● 引入新零售导师，介绍全国成功案例； ● 引入商超规划咨询机构，给出定位建议
6. 业务共享力	新建	时间：2018 年 6 月～ 2019 年 6 月 任务： ● SCRM 系统上线后，打造 1 ～ 2 个区域应用标杆，树立典型； ● 借标杆效应，以区域商超为单位，内部推广 SCRM 系统使用； ● 形成区域内部使用习惯后，开展区域之间的协同营销
7. 数据驱动力	提升	时间：2017 年 10 月～ 2019 年 6 月 任务： ● 部署 Wi-Fi 探针、人脸摄像头收集数据，结合历史会员数据，实现采集、清洗、治理、离线计算、画像分析、标签管理、推荐引擎、实时计算、机器学习以及各类“人、货、场”算法模型； ● 根据实际情况，逐步考虑搭建大数据平台系统

第五章 落地行动

我们需要在知行合一上面下功夫，于实处用力，将本书内容转化落地。

在创新实施中，企业要正视过去的成功基因对创新的机制匹配度，运用创客化组织和精益创业的新思维、新工具，跨越“创新者的窘境”，最终实现新的增长。

第一节　将本书知识转化为行动

本书前面讲了很多方法，附带了很多互联网时代的营销管理思想，也为你提供了一些工具。是不是有了这些就能成功呢？还差得远呢！因为说到容易，做到难。企业要实现转型，需要做到“知行合一”。

我一直认为，“没有商业结果的学习只是在浪费时间”。所以，在你阅读本书的时候，希望能给你带去行动转变，哪怕只有一点也好。

我所从事的“互联网＋”咨询行业，帮企业转型出谋划策，便遇到了“知行难合一”的问题，咨询报告的知识在转化为客户行动的过程中遇到诸多阻力。我总结为要么“知”，要么“行”，至少有一边出了问题。

一、知识的适用性

咨询报告里沉淀了大量的知识，用大量方法模型来指导企业的转型路径。需要质疑的是，这些方法的得出是基于别人成功案例的归纳总结，是否能应用于本企业还有待观察，毕竟每家企业的情况都有很大不同，企业所拥有的资源、能力及转型所处的市场环境都有所不同。因此，用一个标准化模型妄想去适应所有企业的情况，我认为是个“伪命题”。模型必须根据不同企业的情况，因“企”而异，因地制宜，能够自我修正，这才能符合这个世界的“无常”特性。

同时，当下时代剧变，行业更新在加速，产品周期在缩短，知识的更新越来越快，老板都担心：等你的咨询项目做完，市场环境又变了，你的报告结论还能适用吗？尤其，在互联网领域，半年一小变，两年一大变。旧的知识或者延迟的知识难以适应环境变化。现在倡导的“行动学习”，便是在实践中学习，在学习中实践，这样学来的知识具有足够的“保鲜性”。咨询服务也在随着市场要求呈现轻量化、灵活化、阶段化、结果化的特征。轻量化，是从一对单家企业服务，变成一对多家企业服务，从独立咨询服务到教练式、促动式服务，企业承担的咨询成本更低，风险更小；灵活化，是根据企业需求、环境变化、产出结果去灵活调整服务内容，这也符合当下“不确定性加强”的时代特点；阶段化，是企业得到阶段指导后，立即实施，实现了目标后再进入下一阶段；结果化，是咨询服务或教练指导，都以商业结果为导向，服务好坏看商业结果。

二、企业的行动压力

咨询结果对企业营收的关联压力大不大，决定了企业是否会去推动执行。在我服务过的很多国有企业中，企业对咨询结论的执行有限，有的甚至直接尘封到柜子里。分析其原因，国有企业普遍坐拥核心资源，具备先天的盈利条件。它们在请各类咨询公司做服务的时候，咨询结果对企业营收的转化压力不大。

而民营企业对报告的执行力很强。由于民营企业长期在高压环境中生存，它们请咨询公司相对比较谨慎，它们非常关心咨询结果对企业营收的促进，关注咨询的投入和产出。于是，它们会想尽办法去转化行动，最终看到效益。

我一直敬畏中国的民营企业家，老板们在没有核心资源的情况下艰难创业，其过程之艰难，我深有感触。他们为企业的持续生存而忧心，肩负着员工就业养家的责任，这些年，我听到比较多的一句话是“我早已经实现财务自由了，但我不能停，几百号员工等着吃饭”，他们不去大谈人工智能、区块链、VR，他们关心的是眼下养活员工、带动就业的现实问题，这是多么接地气的想法。这里，我由衷地向中国的民营企业家致敬。

因此，我觉得企业是否行动，就是看企业的压力够不够，压力够了“知”就会往“行”转，或者为了“行”而四处去求“知”。拿健身来说，我经常和朋友调侃：明明我家周边有一片大湖，湖边景色优美，四周布置着环形跑道，供人休闲运动。而我偏要花 3 500 元 / 年去健身房。说得直白些，就是心疼钱而去健身。湖边跑步是免费的，不珍惜、不心疼，自然难以坚持。

第二节　落地行动的新思想

我想引用生物学的《进化论》来做说明。达尔文的《进化论》提到的两个关键假设是“自然选择”和“渐变式进化”。其中，“自然选择”告诉我们诸多物种在自然界中是可变的，于是物种产生了多样性，在生态竞争中具备优势的物种得以延续，这类物种能够更好地适应环境变化，而未能取得竞争优势的物种，不能适应环境，而被自然淘汰。在自然生态中，各类物种相互竞争有限的资源，优胜劣汰，适者生存，这对应着企业的“创客化组织 + 试错文化”思想；而“渐进式进化”则说明生物进化的步调是渐变式的，是一个在自然选择作用下累积微小的变异优势从而逐渐改进的过程，而不是跃变式的。这对应着“精益创业 + 小步快跑”的思想。

一、创客化组织 + 试错文化

我们学习了很多成功案例，无论是互联网上介绍的，还是在各种培训班上老师讲的，他们都会告诉你，企业要想获得成功，需要好的营销方法、好的产品及足够的资金，因此大家在不知不觉中认为，“资金 + 方法 + 产品”是决定项目成本的核心关键。

但在实践中，在我辅导的诸多电商项目里，很多企业都有好产品、足够的资金，配上我提供的营销方法，却仍然不能成功。我一直在反思，问题出在哪儿？现在，我觉得一个很重要的因素被忽略了，即企业有没有创新的基因。好的苗，必须种植在合适的土壤里，才能长成参天大树。大家都知道输血和移植手术吧，会出现排他反应。那么，企业将新零售创新项目移植到企业里，也会遇到这个情况。

传统企业做创新，为什么容易失败？《创新者的窘境》一书给出解答：

企业以利润为导向，他们要为股东、经销商负责，而创新类项目短期效益难以体现，难以被重视。尤其是创新类项目，需要企业老板对其有一定容错度，容错度的高低也影响了项目最终能否成功。

秉持创新观念的人，总是能够超前地满足市场需求，甚至开发另类的产品；这类创新，如果不被母公司接受，这类“异想天开”的创新领袖往往会离开公司，自立门户。比如数码相机、苹果电脑都有这类特点。

创新项目背后的文化体系、管理机制与公司原有体系的冲突。比如传统企业里的电商部门、互联网部门在文化建设和管理方式上往往与传统部门有很大不同。

针对以上问题，本书也给出几点建议：

1. 在原有架构上，自立部门；

2. 独立分公司，但要求文化和流程的统一；

3. 独立子公司，独立运作，不干涉；

4. 并购公司。

我更认同第三个做法，但在开独立子公司之前，我建议先有一个过渡期用来“试错”，即在试错期间，搭建“创客化”组织，等试错成功了，再脱离母公司，开设独立子公司。

我们来说说“创客化”组织。现在，很多企业为了获得生存优势，在组织内部建立起“进化论”式的生态体系。你听到的“大平台小前端”“竹林式架构”“内部创客化”“内部生态化”“小组制”“买手制”，其本质原理基本一致。企业通过自建生态体系，搭建生态规则，按照产品线、项目线或区域线，搭建若干个“经营体”。经营体之间相互竞争企业的有限资源。最后胜出的经营体，要么是其所拥有的产品被市场认可，要么是其创新的项目获得市场青睐，要么是在区域竞争间获得竞争领先，为公司带来高收益，内部经营体相互竞争，实现优胜劣汰。公司作为“大平台”，将会为胜出的“经营体”提供更多资源和能力，我们也称“赋能”，如图 5-1 所示。

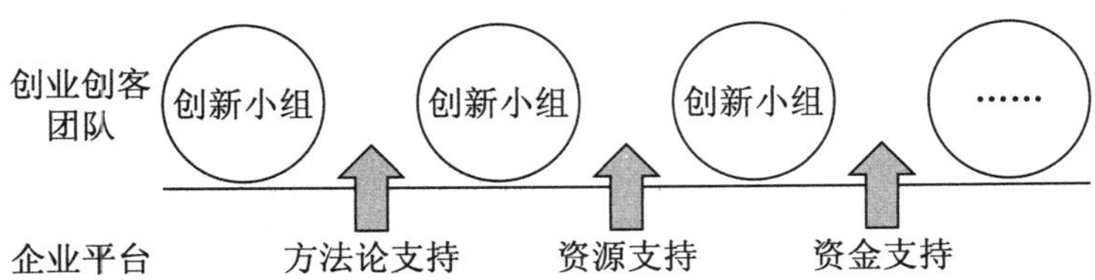

图 5-1　创客化组织

以大家熟悉的“韩都衣舍”为例。韩都衣舍电商集团创立于 2006 年，是中国最大的互联网品牌生态运营集团之一。凭借“款式多，更新快，性价比高”的产品理念，深得全国消费者的喜爱和信赖。韩都衣舍为应对消费者可选择多、对时尚程度要求高、货品更新快的需求，在 2010 年，从原有正三角管理结构转型为倒三角结构，即发展内部平台化。后续，韩都衣舍将该模式称为“以产品小组为核心的单品全程运营体系（IOSSP）”。公司内部目前拥有200多个经营体，叫作“产品小组”，该机制有4个特点：

1. 产品小组拥有自治权。小组自行决定服装款式选择、定价、生产量、促销。平台通过销量、收入毛利与库存来考核小组。

2. 店铺流量资源市场化。成立半年以上的小组可竞拍店铺首页资源，对于小于半年的小组，拿出专属位置，供小组自由争抢。

3. 财权完全放开。小组资金额度与销量挂钩，本月资金额度是上月销售额的70%，小组自由支配资金。

4. 小组PK激励，排名前3位的小组将得到奖励，而排名最后3位的小组将被打散重组。

我们来对比一下实施前后的差别。

实施前：金字塔职能结构，全公司只有老板一个“发动机”，如图5-2所示。

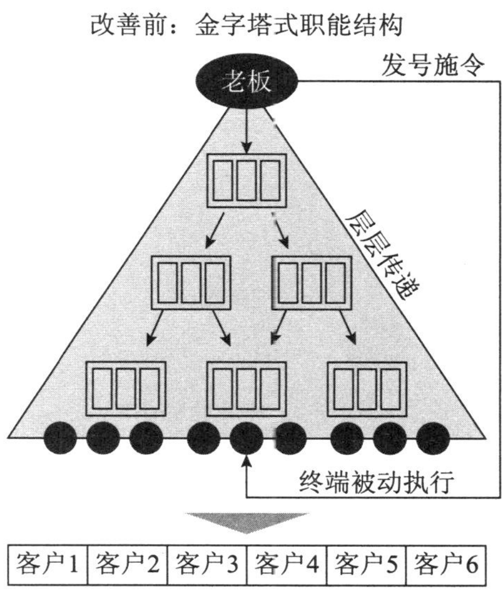

图5-2　金字塔职能结构

1. 老板控制：老板负责决策，而一线人员被动执行，不管对错与否，一律执行；

2. 效率低：决策指令，层层传达，而一线遇到问题，则需要层层请示，效率非常低下；

3. 远离客户：决策层远离客户，难以按照实际情况制订计划，准确率低；

4. 打工心态：一线员工权力小，难以参与决策事项，被动执行，参与感低，诉求难表达，因此不会为老板的事过分操心；

5. 流程以老板为中心：违背以客户为中心的原则，老板才是中心，老板制订的 KPI 才是中心。

实施后：以客户为中心的平台化结构。每个经营终端都自带“发动机”，如图 5-3 所示。

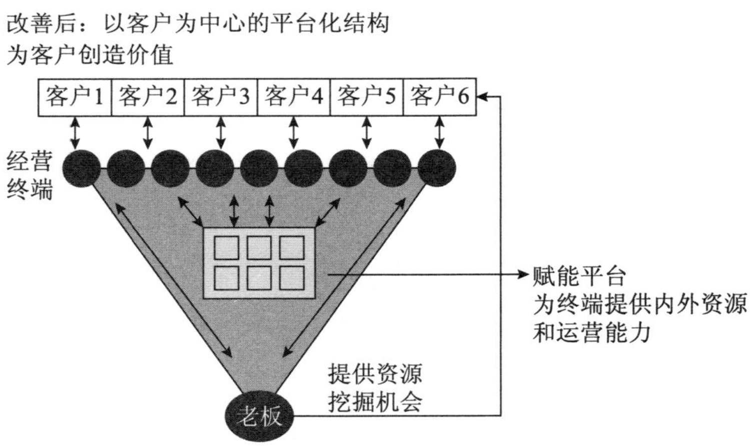

图 5-3　平台化结构

1. 开放共赢：公司资源向各个经营终端开放，终端通过公平、公开的竞争获取资源；

2. 平台做资源整合服务：平台赋能各个小终端，为了保证向终端持续供给资源，而开始专注于外部资源的整合；

3. 终端为自己干活：终端与公司平台实现共赢，在平台赋能下，每个终端自主经营，为了获得生存机会，开始从打工心态转变为老板心态，独立思考、大胆创新；

4. 流程以客户为中心：整场商业战争，从老板指挥转变为离前线最近的经营终端来指挥，经营流程更贴近客户需求，客户满意度更高。

以上，我们讲解了基于《进化论》的“自然选择”假设演绎出的“创客化组织”的模式，该模式除了应用在企业的组织架构方面，在 IT 系统架构设计方面也应用较多。比如 IT 系统架构强调“厚平台，轻应用”“大中台，小前台”，也就是将应用的相同功能放在同一个平台上实现，产品小组基于平台生成若干个小应用，然后投入市场“试错”，这种模式的产品开发周期短，试错成本低，成功的概率也大大增加。

阿里巴巴的《企业 IT 架构转型之道》一书中提道：“位于芬兰赫尔辛基的移动游戏公司 Supercell，号称是世界上最成功的移动游戏公司，以《部落战争》《海岛奇兵》《卡通农场》等游戏知名。Supercell 是一家典型的以小团队模式进行游戏开发的公司，一般来说 2 个员工或者 5 个员工，最多不超过 7 个员工组成独立的开发团队，称之为 Cell（细胞），这也是公司名字‘Supercell’（超级细胞）的由来。团队自己决定做什么样的产品，然后以最快的时间推出产品的公测版，看看游戏是否受到用户欢迎。如果用户不欢迎，迅速放弃这个产品，再进行新的尝试，期间几乎没有管理角色的介入。这家游戏公司经过 6 年的时间，将游戏开发过程中公共、通用的游戏开发素材、算法做了很好的沉淀，形成了游戏的‘大中台’。Supercell 所构建的‘中台’能力，使得几个人的小团队在几周时间内就能研发出一款新游戏，并进行公测。

Supercell 公司的文化充分鼓励员工创新，甚至试错，才使得他们在开发的众多游戏中以最快的时间找到那些用户真正喜爱的游戏。这种强大的业务试错能力是 Supercell 相比于其他游戏公司最大的差别，也是最核心的竞争力。”

我在“新零售落地画布”的“业务共享力”模块中，所说的“业务中台”“数据中台”，便是如此。

二、精益创业 + 小步快跑

由于“创客化团队”需要在不确定的环境中打拼，大多数管理工具并不适用。我们需要给“创客化团队”一个开放自由发挥的空间——“自由岛”，也许初期只有 3～5 个人，人数不多但可能会成为公司未来的核心。精益创业模式便是这个自由小岛，你可以大胆创新，快速试错。

精益创业，是基于最小化可行产品（Minimum Viable Product，MVP），快速试错，逐步迭代的管理方式。强调行动过程中不要想着一口吃成个大胖子，而是将创新方案制作成“最小化的可行产品”，MVP 版本可以让我们花最少的力气、最短的时间，经历一次完整的“开发——测量——调整”循环，方式如图 5-4 所示：

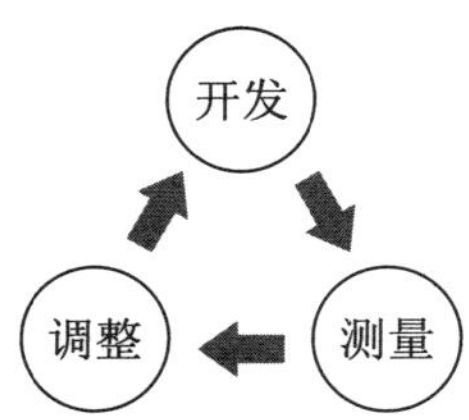

图 5-4 MVP 迭代循环

（一）开发阶段：创客团队根据本书第四章的落地工具部分，提出了新零售升级方案，你可以将方案直接打印出来或简单画在一张纸上。团队拿着这张纸，然后回答：

1. 这个方案能提升客户的体验吗？

2. 客户会为这个方案买单吗？

3. 这个方案能提升企业运营效率吗？

4. 这个方案能够降低公司运营成本吗？

5. 我们具备这个方案的实施条件吗？

（二）测量阶段：之前的一切都只是“假设”，都只是创客团队一厢情愿的设想，未经过验证，而且在现实中往往是错误的。因此，团队的目标是尽可能快地去验证这些假设。提供三种方法：

1. 视频测试：将方案制作成视频，为目标客户播放，看有多少人感兴趣；

2. 研讨测试：邀请目标客户研讨该方案，看大家的意见如何；

3. 众筹测试：利用营销材料做测试，让顾客有机会预先确定一个尚未开发出来的体验方案，看看客户是否愿意为方案买单。

（三）调整阶段：根据前期的测试结果，调整设计方案，然后再次进入循环。

以上三个步骤，强调“小步快跑”，在三个步骤的循环中快速迭代你的方案，不要指望一口气做成完美方案。

三、项目试点与执行

根据我的项目经验，整个项目命名为“破局行动”，你也可以根据你的喜好换作其他名。我将其设计为“全民海选，建突击队”“同心共创，方案路演”“行动复盘，抢占山头”“内化能力、全面复制”四个步骤。下面对每一步的行动参与对象和行动内容做详细讲解。

第 1 步：全民海选，建突击队，见表 5-1。

表 5-1　项目启动

行动项	对象	行动内容
研讨学习“新零售转型升级”课程	领导层 专家顾问	●补充团队的背景知识：通过课程学习，掌握新零售的最新知识，了解新零售升级的方法； ●领导层达成项目共识
选定总指挥	领导层	●选定零售升级项目的总负责人，一般由企业一把手担任
拟定破局行动计划	领导层	●拟订本次项目的具体行动计划，明确时间、任务、责任人
破局突击动员大会（发布计划）	公司全体	●开设公司动员大会，向全公司公布行动计划； ●在公司内部海选，组合成“破局突击小组”。3～5人为一组，初步形成5～8个参赛小组； ●鼓励全员参与，提升未来各部门对创新项目的支持意愿

第 2 步：同心共创，方案路演，见表 5-2。

表 5-2　方案路演

行动项	对象	行动内容
同心共创机制学习	参赛小组	●学习创客化组织在企业内部的运作方式； ●学习创客化组织成功的关键：思想、激励和运营方法
方法赋能： 讲授如何升级新零售	参赛小组 专家顾问	●学习新零售的基础知识，新零售升级的方法论； ●小组研讨：新零售的升级方案； ●小组研讨：方案未来3年的实施路径； ●小组研讨：项目的行动计划； ●小组研讨：项目预算
思想赋能： 建立核心理念体系	参赛小组 专家顾问	●小组研讨：项目团队的愿景、使命、价值观、团队画像； ●小组研讨：项目目标，将要去向何方，达成怎样的效果
激励赋能： 小组制管理与激励	参赛小组 专家顾问	●小组研讨：小组团队的人员架构； ●小组研讨：小组与公司部门之间的共享、协同机制； ●小组研讨：小组团队在新项目上的权力范围；

续表

行 动 项	对 象	行 动 内 容
激励赋能： 小组制管理与激励		● 小组研讨：小组团队的原始资金投入、薪资、股权结构； ● 小组研讨：小组与公司的对赌方式 （备注：希望项目组每位成员都能投入原始资金，这样才能有创业心态。）
形成商业方案	参赛小组 专家顾问	● 制作商业方案 PPT； ● 制作路演材料
方案路演	评委组 参赛小组 全体员工	● 全公司举办路演大会； ● 各参赛小组依次路演，展示商业方案； ● 公司全体对路演方案进行量化评分
小组竞选及全员投票	评委组 参赛小组 全体员工	● 评委组与公司员工为参赛小组投票，票数多的小组获胜，将执行零售升级创新项目的试点工作
破局突击队队长任命以及对赌协议签订	领导层 参赛小组	● 获胜小组正式授予“破局突击队”称号； ● 破局突击队的队长任命仪式； ● “破局突击队”与公司签署对赌协议； ● 领导层与突击队队员共进“餐宴”，为队员打气

第 3 步：行动复盘，抢占山头，见表 5-3。

表 5-3 行动复盘

行 动 项	对 象	行 动 内 容
提供支持 对接资源	领导层 专家顾问	● 公司职能部门支持：协助项目团队招人、财务管理、行政管理等工作； ● 公司为项目团队对接关键资源（人、财、物）； ● 专家顾问为项目团队引荐合作资源
行动效果跟踪与指导	领导层 专家顾问	● 每周跟踪项目执行情况，并给予指导
行动复盘	领导层 专家顾问 项目组	每两周： ● 项目小组复盘整个项目情况； ● 专家顾问，提出优化建议； ● 项目组调整方案，并制订新的行动计划

第 4 步：内化能力，全面复制，见表 5-4。

表 5-4　成果内化

行动项	对　象	行动内容
成果验收与表彰	领导层小组	● 评估项目试点效果； ● 对小组提出表彰，并在公司树立“英雄标杆”
经验汇编成册	专家顾问 项目组	● 回顾整体项目，提炼成功经验； ● 形成文档，组织公司内部学习
复制试点成果	领导层	● 在其他区域复制本次项目成果，在全公司推广

整个项目的落地执行，融合了“创客化团队”“快速试错”“精益创业”的思想，小组人员更有使命感，更能发挥每个人的主观能动性。

结语

当前，中国经济已迈进后工业时代，处于变迁更新之际。依靠投资带动经济增长难以持续，经济也由“短缺”转向了“过剩”。变迁之下，我身边的很多企业都说经营遇到问题，问我出路在哪儿。在我看来，最大的矛盾在于“企业的既有思维和能力与时代变迁所需要的新思维和新能力之间的矛盾”。企业如果还按照旧思路、旧能力来适应新时代的要求，将会面临巨大困难。

其实，仔细想来，难道企业的问题只是现在才有吗？如果一家企业从头至尾都觉得没有问题，那才是真有问题。任何企业从经营之初问题就没停过。随着时代变迁，产业周期在加快，企业面对的问题也就多一些。以我所处的网络零售领域为例，PC 电商的红利有 8 年，而移动电商的红利只有 4 年，现在又到了新零售时代，我想这个风口最多到 2019 年年末。市场的更新周期在加快，不确定性在加强。

你可能会问，如此变化的大潮流之下，有没有什么是不变的呢？我想说不变的是“专注 + 创新”。

“专注 + 创新”成为这个时代对企业的要求。用技术创新、产品创新、品牌创新、商业模式创新去开辟新的市场需求。

比如，苹果手机使用体验创新和技术创新，在手机市场创造了新需求。即使定位 8 000 元的高价，依然有大量果粉排队购买；特斯拉汽车，利用电池技术创新，开辟了电动汽车市场；摩拜单车利用模式创新，满足了 1 ～ 2 公里的出行需求，创造了新消费场景；茵曼女装利用品牌创新，定位棉麻艺术风路线，卡位用户心智，开辟了新需求空间。在我们熟悉的案例中，无一例外都是通过创新，赢得市场的份额。

同样，你也可以将“新零售落地画布”理解为创新的工具。工具的核心是利用互联网的思维和 IT 工具帮助创新，它仍然属于“互联网 +”的大战略。

就在我书写此段落的时候，即 2018 年 7 月 11 日，美国特朗普政府对外宣布：拟对中国 2 000 亿美元产品加征关税。中美贸易大战升级，该消息一出，上证指数全天跌幅 1.76%，收盘报 2 777.77 点，而在此之前的 6 月 15 日，美国政府就已展开第一轮贸易战，对中国 500 亿美元商品加征 25% 的关税。面对此局，中方随即回应：中国政府将一如既往，不得不做出必要反制，以同等力度回应美国政府。

这次中美贸易大战，让我们很受伤，但也给了我们提醒，我们的研发、创新能力还远远不足，现在还不是骄傲的时候。近来，被各大媒体争相报道的中国新“四大发明”，分别是摩拜单车、二维码支付、高铁、网购。打开一点资讯、今日头条等新闻终端，便会看到大量的相关文章或视频。看到这类文章或视频，一方面为自己是中国人而感到自豪，但另一方面，我又忍不住担心这是否是“捧杀”。所谓的新“四大发明”真的算“发明”吗？个人感觉叫“创新”要更贴切。毕竟相关的芯片、操作系统、网络协议都是别人的，我们在这些技术上面进行了创新和融合，我们要时刻保持清醒的头脑，新“四大发明”不能变成我们的自娱自乐。

这次贸易大战，给了我们深刻的警醒，唯有走“自主创新”的道路才能成功。唯有专注于自己的核心能力，才能在快速变迁的时代里，保持竞争力。

“任社会变迁，我自岿然不动”“宁静方能致远”，我个人认为，作为企业和个人，最重要的品质是专注于开发自己的核心能力，勇敢创新。我们不能被社会上一时的致富故事所诱惑，学会沉淀自己的核心能力，才是真正笑到最后的那一个。

《六祖慧能传奇》一书讲道：六祖慧能大师，幼时的某一天，在山林中砍柴，由于天气不佳，狂风大作，山林中无论大树、小树都被大风吹得四处摇摆。忙碌后的慧能，准备找地方休息，他看到一汪湖水深藏林中，湖面平静如镜，一点都没有受到大风的影响。他突然心生感悟，我们身处的社会环境不就像这大风吗？变幻无常。而我们自己就像这一棵棵树，随风摇摆。而这平静的湖面又是什么呢？就是我们的内心，专注于自己的内心。

换言之，这大风指代当前的经济环境，表现出“无常”的特性；而企业和个人，就好比一棵棵树，跟随着风显得“急躁不安”。而平静的心便是“专注 + 创新”，也就是企业家们在“无常”的环境中，所寻找的“不变”的东西。

关于“创新”，需要提醒的是，它只是手段，不是目的。很多企业，看到什么时髦，就去做什么，如 VR 热，就去做 VR；产业园热，就去做产业园。试问，这类跟风式的创新，到底给社会创造了什么价值呢？我认为能给社会创造价值、追随商业本质的创新才是真创新。就好比我认为新零售，只是创新地使用了互联网思维和 IT 工具而已，提升用户体验、改善效率、降低成本才是目的。

在本书临近结束的时候，我想提一个关键词“社会价值的产出效率”，社会价值的产出效率越高，企业的回报就越高。一家企业能够成功，在单位时间、单位成本的投入下，给社会贡献的价值一定要高。比如淘宝，解决了买家和卖家信息不对称问题，给整个社会创造了价值，于是成就了今天的阿里巴巴。又如小米，让中国人以低价获得极致的手机体验，两亿多老百姓收获实惠，反过来也成就了小米。

也许，你没法做到阿里巴巴和小米那样，向整个社会做出贡献，可能你只能针对一部分人群或一个区域，但你同样值得被认可，因为贡献不分大小。就像小时候听到的那首歌——“只要人人都献出一点爱，世界将变成美好的人间”，你只要有所贡献，必将有所收获。要么收获财富，要么收获快乐，快乐才是终极。就像我在写作此书时，出版社的朋友问我出书的目的，我如实回答：“我对讲课和咨询方式的价值贡献效率不够满意，一年讲下来，加上咨询的客户，也就一千多家企业受益。我想试着用出书的方式，让影响层面更大，效率更高。”

最后，用一段话来结尾：

根本上说，本书是“成功学”类图书，是教你如何转型升级新零售的图书，“新零售落地画布”和各种方法工具，指导你迈向成功。但如果你真想获得成功，绝不是依靠这些“器”，而是依靠你的“心”，请你保持一颗“利他”的心。因为，秉持这颗“利他”的心，你才能真正地安静下来，静后方所虑，也就能创新出高“社会价值产出效率”的模式和技术。

衷心祝愿你的事业顺顺利利！